LE ROMAN
DU RENARD

Car à tourner d'une langue étrangère,
La peine est grande et la gloire légère...
Le traducteur ne donne à son ouvrage
Rien qui soit sien, que le simple langage,
Que maincte nuict dessus le livre il songe,
Et, dépité, les ongles il s'en ronge ;
Qu'un vers rebelle il ait cent fois changé,
Et en traçant le papier outragé ;
Qu'il perde après mainte bonne journée ;
C'est mesme corps, mais la robe est tournée.
Tousjours l'autheur vers soy la gloire ameine,
Et le tourneur n'en retient que la peine.

ESTIENNE DE LA BOÉTIE.

COLLECTION DES ÉPOPÉES NATIONALES

LE ROMAN DU RENARD

MIS EN VERS

D'APRÈS LES TEXTES ORIGINAUX

Précédé d'une Introduction et d'une Bibliographie

PAR

CH. POTVIN

PARIS
LIBRAIRIE MARPON & FLAMMARION
E. FLAMMARION, Successeur
26, RUE RACINE, 26

1891

LE
ROMAN DU RENARD

I

Chef-d'œuvre, populaire dans les langues modernes du Nord qui n'ont guères fait que le traduire, presque inconnu ou méconnu dans les deux langues qui l'ont créé : tel était, il y a quelques années, tel est encore pour le grand nombre le *Roman du Renard*, même après les publications de Grimm, de J.-F. Willems et de Méon.

Chef-d'œuvre, ce mot n'a rien de trop. Poëtes, savants, critiques sont d'accord : ce poëme est un des trésors de l'esprit humain. « La sagesse profane n'a pas produit de livre plus digne d'être loué, » dit le poëte Laurensbergh[1]. « Il est de toute vérité, dit le savant Heinneccius, que nous pourrions opposer ce

---

[1] *Plattdeutsche gedichte*

poëme à beaucoup de monuments grecs et latins [1]. » « Jacob Grimm dit que cette satire de la société est, après la *Divine Comédie,* le meilleur poëme du moyen âge, et nous pouvons ajouter qu'elle a été beaucoup plus populaire et plus répandue que l'œuvre immortelle du Florentin [2]. » Gervinus, Mone et Rothe n'en parlent pas avec moins d'estime. Dès le xve siècle, Caxton avait traduit en anglais « cette admirable chose [3] ».

« Savez-vous, dit un jour Herder à Gœthe, que nous possédons en allemand un poëme épique aussi original et aussi judicieux que l'Odyssée, *Reyneke fuchs.* Gœthe avoua qu'il n'avait pas jugé ce poëme digne de remarque et qu'il ne l'avait pas lu. Le livre fut produit; Gœthe l'emporta et en fut tellement émerveillé qu'il résolut de le rappeler à la vie, en le traduisant en allemand moderne. Telle est l'origine de cette traduction qui est reconnue dans toute l'Allemagne comme l'édition classique par excellence [4]. »

---

[1] *Elementa juris germanici.*

[2] Marmier, *Lettres sur la Hollande.*

[3] Expression de Thomas Haerne.

[4] *Revue rétrospective,* traduction de la 1re partie du Reinart de Vos.

« Ce poëme, dit l'*Athenæum*[1] en parlant de la nouvelle traduction anglaise de Naylor, est de la catégorie de ces livres universels (*handbooks of the world*) qui ont grandi en volume et en influence de siècle en siècle, ont passé de pays en pays, non comme l'œuvre d'un homme, mais comme si la race entière avait contribué à leur existence, et comme le produit de l'intelligence générale. »

Aucun sujet dans le moyen âge n'a occupé autant de poëtes, produit autant d'œuvres, obtenu autant d'éditions dans toutes les langues. Dès le XIe, d'autres disent dès le IXe siècle, on le voit esquissé, dans la basse Flandre, en deux poëmes latins, dont le fond est le même : *Isengrimus*[2] et *Reinardus Vulpes*[3]. Déjà de nombreux petits récits, en prose ou en vers, avaient préparé la voie[4]. Bientôt, paraissent d'autres poëmes, en latin, en flamand, en gaulois. L'un dut s'appeler *Aucupium*, *Aucupatorius*; il contenait les premières ruses de Renard : comment

---

[1] Année 1845, p. 9.

[2] Poëme anonyme de 688 vers, publié par Grimm.

[3] Par un bénédictin de Gand, publié par Mone (6,600 vers). C'est la version attribuée à Van Maerland par Méon, d'après Baluze.

[4] J. Grimm, J. Grimm et Schmeler, et Édelestan Duméril en ont publié plusieurs.

il essaie de prendre le coq, comment il se joue du loup et de la louve, etc.; Pierre de Saint-Cloud l'a imité du latin. Les autres mettaient en scène la Cour plénière du lion et les accusations des animaux contre Renard; on en connait deux anciennes versions qui s'en réfèrent à des œuvres antérieures : la flamande est le *Reinart de Vos*, la gauloise est la 20e des branches publiées par Méon[1]. Henri de Glischesære

---

[1] On a beaucoup discuté pour savoir laquelle de ces deux versions avait la priorité sur l'autre. Toutes deux ayant, de leur aveu, suivi des travaux antérieurs, la question devient assez oiseuse. Je me rangerais de préférence à l'opinion de feu Willems; les objections qu'on lui oppose me semblent sans valeur contre les arguments tirés des mots flamands et des nombreux termes de chevalerie qui se trouvent dans le gaulois. De plus, le trouvère, en mettant en scène la femme du curé, lui reproche vivement son concubinage; le poète flamand, s'il avait imité ce passage, aurait-il pu retrancher ce blâme comme il le fait? On objecte surtout le mérite de l'œuvre flamande. La supériorité ne prouve rien. Un homme de talent se montre tel à toutes les époques. L'amplification et le mauvais goût sont aussi bien des marques de décadence que de jeunesse. Un mauvais poète a beau venir le dernier, il n'y gagne rien. Ce mérite de Willems prouve, au contraire, qu'il n'a pas connu la branche gauloise actuelle; car toute inférieure qu'elle est, cette branche contient des passages qu'un poète comme lui n'aurait pas négligés, s'il les avait connus : par exemple, le miracle qui guérit le lièvre et qu'on trouve aussi dans le poème saxon du continuateur d'Henri de Glischesære, et la dernière bravade du Renard, en face même du Roi, scène dont l'idée l'emporte de beaucoup sur le VIe chant flamand, ne fût-ce que parce qu'elle évite à la gaîté du poème la mort de deux de ses héros.

n'avait pas tardé à imiter *Reinardus Vulpes*, *Reinart de Vos* et les plus anciennes branches, dans un très beau poëme, en vers saxons, du commencement du xiiie siècle.

Dès le xiie siècle, la réputation du poëme est telle que les trouvères et les troubadours parlent de ses personnages à quatre pattes comme de héros connus de tous [1], que les partis politiques lui empruntent leurs noms [2], les peuples leurs proverbes [3], les langues les noms de ses hé-

---

[1] xiie siècle, langue d'oïl : Vie de Saint Dormanz (musée britannique). — Benoît de Saint-More, *Histoire des ducs de Normandie* (ibid.). — Courtois d'Arras, fabliau. — Le conte du Baril. — Gauthier de Coinsy, *Miracles de la Vierge*. Ce dernier cite deux vers de la 20e branche (1230). — Langue d'oc : Sirvente de Richard Cœur de Lion. — Pierre de Busignac. — Armand d'Entreras.
En Angleterre on trouve sous le règne d'Henri III (1216-1272), la fable de la grand'mère et du loup, d'Avienus, traduite en vers latins, et, sous le règne d'Édouard Ier (1272-1397), un petit poëme anglais de près de 300 vers : *Of the Vox and the Wolf*, qui rentre dans le sujet supposé de l'*Aucupatorius*.

[2] Lutte des bourgeois de Laon contre leur évêque, qui appelle leur chef Isengren (Guibert de Nogent, 1112). Guerre des Isengrins et des Blavoetins (Adrien de Budt, 1143, et Rigord, 1213). — Renard s'est fait moine, crient les Flamands en voyant Henri II, duc de Brabant, en appeler au comte de Flandre (Chapeauville, 1213).

[3] Renard qui prêche les poules. — Se confesser au renard. — Il n'y a si fin regnard qui ne trouve plus finard. — A regnard regnard et demy (xvie siècle *Trésor des sentences*, de Gabr. Meurier). — A la fin sera le renard moine (ibid.). — Avec le regnard on renarde, xvie siècle (Baïf). — Je te ferai escorcher le regnard (Rabelais). — Il faut

ros¹ et les bourgeois, même les prêtres, des sujets de peinture pour orner leurs maisons². Aucun poëme primitif, flamand ou gaulois, ne nous reste qu'on puisse faire remonter au delà du règne de Baudouin de Constantinople ou de Philippe-Auguste³. Mais, à partir de cette

coudre la peau du renard à celle du lion. (*Dictionnaire comique* de P.-J. Leroux.)

¹ *Renard* en français et en provençal. *Renaud* en patois picard, qui signifie renard, et *Renard* qui signifie ruse. — *Bruyn*, sobriquet de l'ours en Angleterre. — *Baudet*, de Beaudoin, sobriquet de l'âne. — *Tela* et *Tida*, la poule, dans le dialecte de Brescia et de Naples.

² Gauthier de Coinsy adresse ce reproche aux prêtres de son temps, 1233. (*Vie des Pères.*)

³ Deux indications peu connues établissent autant qu'il est possible la date à laquelle on peut faire remonter quelques branches gauloises. D'après un texte latin bien formel, Pierre de Saint-Cloud était sexagénaire en 1208: *Petrus de Sancto Claroualdo et sexagenarius.* (Cesarius Heisterbachiensis, V lib. de Dialogorum, cap. II, in bibl. patr. Cisterciensium, cité dans le recueil des Hist. de France, XVII, p 83.) — Dans la 5ᵉ branche, qu'on devrait peut-être attribuer aussi à Pierre de Saint-Cloud, et dans la 19ᵉ, le propriétaire des poules que Renard convoite, est nommé messire *Costant Desnoes* (V. 1274 et 8623). Or, dans le *Bestiaire divin* de Guillaume de Normandie, l'article Renard commence ainsi : « Vous avez assez entendu raconter comment Renart avait coutume de voler *les gélines Costanz de Noes.* » Ce Bestiaire a été récemment publié deux fois ; aucun des éditeurs n'a compris ce vers. M. Cahier ne sait comment l'expliquer. Cela signifierait-il que les larcins et les fraudes de Renart sont constantes et bien connues ? dit-il. M. Hippeau est Normand, il cherche l'explication dans le patois du pays : les poules *côtoyant la prairie. Noe* est Normand ; mais *Costanz* ne peut signifier *côtoyant.* C'est

époque, le sujet est à l'ordre du jour de la poésie dans les deux langues nées entre le Rhin et la Somme. Le poëme flamand commence à conquérir la domination sur toutes les langues du Nord, et les branches gauloises se multiplient.

Pierre de Saint-Cloud écrit la 1re et la 11e branches ; Richard de Lison, un Normand, la 28e ; un prêtre de la Croix-en-Brie la 25e ; une foule d'anonymes suivent ; trente-huit branches poussent et fleurissent sur ce vaste tronc poétique. Renard a sa place obligée dans les recueils allégoriques ou moraux, comme dans le *Dit de l'Entendement*, où Jehan de Condé raconte l'histoire de *Renard, maître d'hôtel du Roi* ; il prête son nom à la satire, comme dans *Renard le Bestourné* de Rutebœuf, ou les *dits* ano-

costlanz ou costoianz qu'il aurait fallu. (*Roman de la Rose* et glossaires de Roquefort et de Burguy.) Des quatre manuscrits du Bestiaire, le plus ancien, celui de 1267, orthographie le vers comme je l'ai cité ; celui de 1338 écrit *Costant de nes*. Un autre du XIIIe siècle porte : *Costains de nes* et celui du XIVe : *Cointes des nes*. Aucun texte n'est en faveur de l'interprétation de M. Hippeau. — Guillaume de Normandie fait tout simplement allusion au *Roman du Renard*. Or, il écrivait son Bestiaire vers 1238. Les 1re, 5e, 11e et 19e branches seraient donc de la fin du XIIe siècle. Dans le *Reinhart* de Henri de Glischesære, le fermier est appelé Lanzelin et Ruotzela. La réputation de Constant Desnoes n'avait pas franchi la frontière.

nymes de *la Queue du Renard, la Confession Renard, la Compaignie Renard*. Plus de trente poëtes, plus de 40,000 vers ! L'obscure tige a grandi, elle a créé tout un cycle littéraire.

La fécondité ne s'arrête pas là. Deux fois encore, — à la fin du xiiie et au xive siècle, — ce cycle satirique reprend une floraison nouvelle. Cette fois, ce sont des œuvres de longue haleine : d'abord le *Couronnement de Renart*, de 3,000 vers, attribué à Marie de France, et le *Renart li Nouvel* ou le petit Renard, épopée satirique de 8,000 vers de Jacquemart Giélée, de Lille[1]. Ensuite, un poëme satirique d'Eustache Deschamps[2], et les deux éditions de *Renart li contrefez*, où le héros mêle toutes sortes d'histoires sur son compte à une espèce d'encyclopédie, à l'histoire de Troie, à un cours d'astronomie; ce qui mène à 32,000 vers la première version, à 18,000 la seconde[3].

Après les poëtes, les prosateurs. Jacques Giélée écrit en 1288; les deux versions du Renard contrefait sont du xive siècle. Au xve,

---

[1] 1288.

[2] « Du mauvais gouvernement de ce royaume, selon ceste fiction que l'auteur adresse au lyon en condescendant aux autres bestes, par manière morale. » (MS. de la Bibl. nation. de Paris, n° 7219.)

[3] 1319-1341.

l'œuvre de Giélée est mise en prose par Jean
Tenessax. Au xvi⁰ et au xviii⁰ siècles, le *Reinart de Vos* est traduit en français, Plantin publie *Reynier le Renard*[1] et Jacques Pammeels,
le *Procès des Bêtes*. Beaucoup de manuscrits sont
du xiv⁰ siècle; mais l'imprimerie s'empara tout
d'abord de cette œuvre populaire. Le *Livre de
maître Reynard* de Tenessax a dix éditions suc-
cessives; les bibliographes connaissent celles de
1477, de 1516, de 1528, de 1550 et de 1551.
Au même moment, le célèbre Jean Bouchet
donnait encore au héros le sceptre de la satire[2]. — 1528 à 1551 : l'époque où Rabelais
publie son œuvre! Renard marche de pair

---

[1] 1566.

[2] Les Regnards traversant les périlleuses voies des folles
fiances du monde; composées par Sébastien Brand (Jean
Bouchet), Paris, Ant. Verard, sans date, 1ʳᵉ édit. — Paris, Michel Le Noir, 21 mai 1504. — Paris, Denys Janot,
1530.
La première partie, en prose, est une suite de réflexions
morales et de satires sur les mœurs des diverses classes de
la société, nobles, moines, etc. La deuxième partie, en
vers, passe en revue les arts, sciences et métiers, et les
vices qui y sont attachés. Enfin la troisième partie, aussi
en vers, est la confession de Renard devenu vieux; le sermon de son confesseur donne l'occasion au poëte d'écrire
un long poëme moral et satirique. On y remarque de
beaux vers sur la vanité de la beauté.
Pierre de Larivey, dans sa comédie des Escolliers (1579),
fait aussi allusion au « Reynard qui contrefaist le mort afin
d'estre jetté sur la voiture des pescheurs, puis, s'estant
bien empli le ventre, se moque d'eux. »

avec Panurge, qui doit le détrôner bientôt.

Le mot *Renardie* resta longtemps dans la langue. On le trouve déjà dans les contes dévôts de Gauthier de Coinsy et dans le roman de la *Violette*. On le voit en concurrence avec *Papelardie*, dans le *Roman de la Rose* de Jean de Meung et dans *la Queue du Renard*. On le trouve encore dans le glossaire de Jehan Palsgrave, en 1530 [1].

Le mot *Renard* resta toujours; et ce n'est pas un des moindres succès de cette œuvre. A chaque époque, on peut remarquer l'influence d'un peuple initiateur sur les langues européennes. Au XIXe siècle, on sait d'où viennent la plupart des mots de l'industrie ou du régime représentatif: *Cock, Rail, Tender, Waggon, Steamer*, etc., ou *Parlement, Bill, Club*. Au XIVe siècle, presque tous nos termes de marine sont empruntés au hollandais : *Beaupré, Babord, Hamac,*

---

[1] En Dieu n'a point de renardie. (Sainte Léocadé, par Gauthier de Coinsy, écrit vers 1230.) — Et affubler ma renardie — du mantel de papelardie. (Jean de Meung, 1300.) — Crafte Sleyght, malengin, s. m. regnardie s. f. (*Éclaircissements de la langue francoyse*, par Jehan Palsgrave.)

>   Prêtres, moines, jacobins,
>   Cordeliers et li béguins
>   Qui font bien le *papelart*
>   Sous leurs chapes ont *Renart*.
>
>   (*La Queue du Renart*.)

Hâler, etc. Le xii⁰ siècle est un siècle littéraire : le chef-d'œuvre satirique du moyen âge détrône le mot latin, et donne au *goupil* le nom de son héros. Reinart, Reginald, Regnard est un nom propre de la langue germanique; l'animal qu'on nommait *vulpes* en latin, s'appelait en français *goupil*, d'où l'on a fait goupillon, la queue du renard ayant servi d'abord à cet usage. Le *goupil* porte encore le nom de *Vos* en flamand, de *Fuchs* en allemand, de *Fox* en anglais; en français il n'a plus qu'un nom. Dès le xii⁰ siècle, les deux mots s'emploient indifféremment; on les trouve réunis dans deux vers d'un bestiaire de 1208[1]. Mais un prédicateur du xii⁰ siècle constate déjà l'usage en faveur du nom germanique[2]. Au xv⁰ siècle, le mot gaulois a disparu[3]. On dit bien une Illiade, un Achille, un Harpagon, un Tartufe; les mots épopée, héros, avare,

---

[1] *Du Gourpil*
C'est goupil qui tant set mal art
Que nus ci appelons renart.
(*Bestiaire* de Guill. de Normandie, édit. Hippeau, p. 234.)

[2] En parlant de la confession sans repentir : « Hæc est, dit-il, confessio *vulpis*, quæ solet *in Francia* appellari confessio *Renardi*. » (Jacques de Vitry, abbé d'Oignies, *Sermones ad pueros*.)

[3] V. extrait d'un glossaire du xv⁰ siècle, par Em. Gachet, Bulletin de la comm. d'hist. On y trouve renard, mais on n'y trouve plus goupil, dans la liste des animaux.

hypocrite, subsistent; l'âne baptisé par La Fontaine garde le sobriquet d'Aliboron, mais il n'a pas perdu son nom de famille. *Goupil* a disparu devant maître Renard.

M. Génin attribue ce fait « au prodigieux succès du roman ». Combien d'œuvres ont eu ce succès? Un autre livre flamand le partage; quand on appelle un enfant espiègle, mot aussi vif que le caractère qu'il peint, qui se doute qu'on lui donne le nom d'un héros flamand du xiiie siècle : *Ulenspiegel?*

Papelardie adoptée par Rabelais, a remplacé *Renardie*, comme *Papelard* devait céder le pas à *Tartufe.*

Trois ans seulement avant la publication des six premiers livres des *Fables* de La Fontaine, John Ogilby publiait à Londres un recueil où il gardait à ses animaux les noms des héros du poème; et l'on sait que la fable dont l'Ésope français accepta le sujet de Mme Harvey, le *Renard anglais,* est empruntée au *Reynard the Fox.*

En 1825 et 1826, enfin, les branches manuscrites sont imprimées. M. Robert publie de nombreux fragments de *Renart contrefex;* M. Méon édite la plus grande partie des branches gauloises, le *Couronnement de Renard* et le *Nouveau Renard* de J. Giélée.

Le succès du renard germanique n'est pas moins prodigieux, mais il fut autre. Il n'existe pas, à vrai dire, un roman du Renard, en langue d'oïl ; l'œuvre à laquelle on donne ce nom est une agglomération d'épisodes inégaux, de divers auteurs, sans enchaînement, sans suite, sans unité de pensée, d'action, ni de style. Chaque poëte sème à pleines mains, plante au hasard, sur ce fonds commun. Chaque branche a son caractère et son esprit, et l'œuvre entière est comme une forêt vierge. Dès la fin du xiie siècle, le génie germanique avait fait son choix, et le goût ni le sujet ne varièrent plus. Les versions saxonnes d'Henri de Glischesære et de son continuateur furent vite oubliées pour le poëme en deux parties qui constitue encore aujourd'hui le *Reinart* des langues du Nord. La première partie, la plus belle, au dire général, est de Willem, auteur d'un autre poëme qu'il nomme *Madoc*. On a beaucoup cherché quel était ce Willem. M. J.-F. Willems le fait prêtre, M. Serrure médecin ; les deux professions de Rabelais[1]. La seconde partie, attri-

---

[1] M. Serrure voit un *magister Willelmus physicus* comparaître en 1198 comme témoin du châtelain de Gand, et il se demande si ce ne serait pas notre poëte. L'indication est bien insuffisante. M. J.-F. Willems nous présente au moins un poëte quand il croit trouver l'auteur du Reinart de Vos

buée à Claes van Acen, aurait pu être corrigée et le poëme lui-même complété. L'a-t-on essayé[1]? Ce qu'on sait, c'est que le succès s'est attaché à ces deux branches réunies, malgré la supériorité du poëme saxon sur la seconde branche flamande, qu'il ne s'est pas ralenti pendant plusieurs siècles et qu'il a repris dans notre époque un élan nouveau.

La version de Willem est reconnue la première par les savants allemands, hollandais et danois, Grimm, Mone, Rothe, Jonckbloet. Mais, par un caprice inexplicable, l'original en vers reste inédit et se voit comme enfoui sous d'innombrables traductions. En 1498, un poëte qui avait été conseiller à la cour de l'évêque d'Utrecht, le traduit en vers saxons. « Ce nouvel ouvrage, dit M. Rothe, tantôt imité, tantôt traduit *mot à mot* sur le poëme des deux auteurs flamands *au point de rendre le plus souvent les rimes mêmes*, révéla, pour ainsi dire, de nou-

---

dans ce Willem Van Utenhove, « prêtre de grand renom, » natif d'Ardembourg, que Van Maerland désigne comme auteur d'un bestiaire. Mais rien ne prouve que le poëte du *Bestiaire* soit le poëte du *Reinart*.

[1] On connaît un grand nombre de petits poëmes flamands et allemands semblables aux petites branches gauloises. J. Grimm, Ern. Rommel, Willems et Serrure en ont publié plusieurs, et il en reste que je crois inédites à la bibliothèque de Bourgogne.

veau, le poëme du Renard au public allemand et fut aussitôt traduit en plusieurs autres langues; c'est aussi le texte généralement connu aujourd'hui en Allemagne et dans la Scandinavie, et *littéralement* traduit par Gœthe et tant d'autres, en allemand moderne et en différentes langues. C'est le *Reineke fuchs* : on l'attribue à Henri d'Alkmar. »

Cette traduction, souvent mot à mot et rime pour rime, du *Reinart de Vos*, précipita le succès, accapara la renommée. Traduite en vers allemands par Michel Beuther (1554), en vers latins par Hartman Schopperus (1567), en vers danois par J. Kaldes, puis par H. Wiegere (1551, 1656); en vers suédois (1621) et en prose suédoise (1775); en islandais même; illustrée cent fois aux siècles passés, elle fait les délices de l'Europe septentrionale; restaurée de nos jours par les plus grands critiques et traduite par les plus grands poètes : Gœthe en allemand, Œlenschlæger en danois, Naylor en anglais. Depuis la consécration que Gœthe lui a donné, dix traductions nouvelles, vingt éditions illustrées perpétuent sa célébrité dans tous les pays germaniques.

Cependant l'œuvre flamande n'était pas perdue. Avant toute autre traduction, avant Henri d'Alkmar, les presses de Gouda en publiaient un récit en prose flamande (1479), souvent réimprimé; c'est lui qui servit de modèle à d'Alkmar et à la traduction anglaise de Caxton (1481) et qui fut le père de tout le cycle germanique. En 1566, Plantin en donnait, dans un même volume, deux versions, en français et en flamand, *in francboyse ende nederduylsch*; en 1739 et en 1788, on en imprimait encore une traduction à Bruxelles et à Paris : le *Renard ou procès des bêtes*. Mais, avant même la première version en prose de 1479, vers 1473, Nicolas Ketelaer et Gér. de Leempt en avaient édité à Utrecht une traduction en vers latins, faite avant 1280, d'après l'original flamand, par un nommé Baudouin. La première partie du poëme existait seule alors; le *Reynardus* de Baudouin ne contient que celle-là.

Le génie de l'histoire, infatigable lutteur, ne manqua point d'appeler le génie de la fable à la rescousse. L'énergique chancelier de l'empereur Frédéric II, Pierre des Vignes, tout en luttant contre Grégoire IX dans les cours et dans les conciles, dans la chaire évangélique et dans les correspondances diplomatiques, emprunte son fouet sanglant au *Reineke fuchs* [1], et quand

---

[1] *Missiva Leonis ad asinum et leporem*, par Pierre des

Léon XII prit parti contre Charles-Quint, il se trouva un poète pour rappeler à l'Empereur le modèle de la ruse et de l'hypocrisie qui plaisait tant à Philippe le Bel.

> Vulpes erat fraudis plena, referta mali,
> Ostabat sancti species et hypocrisis effrons [1].

Au XVIᵉ siècle, la satire est surtout religieuse; l'esprit de la réforme fait du héros l'emblème de la Papauté : *Romysche fox* [2], et l'on

---

Vignes, avec réponse, où se trouve un passage du *Reinke Fuchs :*

« Quod vulpes reddiens ad cor suum, pro multis maleficiis dudum commissis, religiosis susceperat habitum, Deo cœli et non regi ferarum de cetero responsura, et ideo retrusa in heremo, contemplacioni dedita, reddire nullatenus proposuerat ad activum. » (MS. de Palerme. Pertz, *Archives.*)

[1] De perfidia Romani pontificis, epistola ad Carolum cœsarem, authore Germano Eleutherostomo.

[2] WYNKYN DE WORDE (un des éditeurs les plus distingués après Caxton), The Fantasy of the Passyon of the Fox, lately of the Towne of Myre, a lytell besyde Shafsterbury in the diocese of Salisbury. London 1530. in-4°.

JOHN BALE OF BALEUS, bishop of Ossory in Ireland. A course at the Romysche Fox, a disclosynge or Openynge of the manne of synne contayned in the late Declaratyon of the Popes olde Faythe, made by Edmunde Boner Bysschopp of London; wherby Wyllyam tolwyn was the newelye professed at Paule's crosse openlye into Antichriste's Remysche relygyon agayne, by a newe solempne Othe of Obedyence, notwythstandinge the othe made to hys Prynce afore to the contrarye, etc., compyled by John Harrisson (Bale), Zurich, 1543, in-16.

TURNER WILLIAM. The Rescuynge of the Romish Fox,

trouve Renard mis au service des ennemis de la liberté religieuse, dans une diatribe contre le prince d'Orange, attribuée au président Richardot, et qui eut l'honneur de paraître précédée du décret de mise à prix de la tête du Taciturne[1].

otherwise called the Examination of the Hunter devised, by Stephen Gardiner. Winchester, 1545, In-8°.

— Id. — The Hunting of the Fox and Wolf, because they did make havock of the sheep of Jesus-Christ. In-8°. 1543.

A Toil for two-legged foxes. Londres, J. Baxter, 1600. In-8°.

A Toil, etc., by J.-B. Londres, Islip Adam, 1600. In-16; — le même, Londres, Th. Man, 1600.

ZEPHANIAH SMITH (de la secte des Antinomiens.) The doome of heretiques; or a Discorey of subtle foxes, who wer tyd Tayle to Tayle and crept into church to doe Mischiefe; as it was delivered in a sermon at Wichham-Market, in Soffolke, upon the Fast-day being the 26 of may 1647. Londres, 1648.

ROBERT WARE, Foxe and Firebrands; or a specimen of the danger and Harmony of Popery and separation, Wherein is proved from undeniable matter of fact and reason, that separation from the church of England is, in the judgement of Papist and by sad experience, found the most compendious way to introduce Popery, and to ruin the Protestant religion, in two parts. Londr. 1680. In-4°. — Dublin, 1682. In-8°; — 3° partie, Londres, 1696. In-8°.

— Id. — The Hunting of the Romische fox and the Quenching of Sectarian firebrands; being a specimen of Popery and separation. Dublin, 1683. In-8°.

THOMAS CRISPE. A Just and Lawful trial of the foxonian Chief Priest. Lond. 1697. In-8°.

The fox unkenelled; or the Paymaster's accounts laid open. By an alderman. London, Rosar. In-8°, 1769.

[1] *Le Renard découvert*, Mons, Rutger, 1580. — La fête de Saint-Jean était célébrée à Paris par un feu de joie dont le morceau capital était un autodafé de 24 chats. L'année

La version en prose flamande n'avait pas cessé d'être populaire à cette époque. On n'arrache pas facilement un sujet de la mémoire du peuple, ni un livre à ses lectures; alors le *Reinart de Vos*, corrigé, *amélioré* (*verbeterd*), avec approbation de l'écolâtre d'Anvers Van Eynetten (15 novembre 1661), continua à s'imprimer chaque année et eut plus de cent éditions dans une espèce de *bibliothèque bleue* flamande, grossièrement illustrée. Quand les critiques allemands reprirent l'étude des origines du Renard et en firent honneur à la vieille littérature flamande, les hommes de lettres, les professeurs de littérature, les académiciens ignoraient ce joyau de nos pères, mais le peuple connaissait son *Reynaert van den Vos, ofte het oordeel der dieren*, qui se vendait 28 *schoone plaeten*, dans les foires. Cette même bibliothèque bleue flamande, outre les histoires gauloises des quatre fils Aymond, des Charlemagne, etc., outre les les aventures de Tyl Ulenspiegel, contenait une autre œuvre que Gœthe a rendue illustre comme le Renard : Faust !

après le massacre de la Saint-Barthélemy, l'entrepreneur de la fête, pour donner *plus grand plaisir à Sa Majesté* Charles IX, ajouta aux chats un renard ; le roi mit lui-même le feu au bûcher. Le héros qui avait tant de fois représenté la papauté représentait-il l'hérésie dans le feu de joie de Charles IX ?

Le xviiie siècle marque une renaissance. La nouvelle édition flamande d'Amsterdam de 1712 et 1736, une traduction en vers anglais des vers latins de Schopperus, en 1706; plusieurs autres versions de cette époque en vers anglais, 1701, 1708, 1756, 1761; l'édition de 1498 d'Henri d'Alkmar republiée : en saxon, par le professeur Hackman, 1711, et par G. Bredow, 1798, en allemand par Gottsched, avec des illustrations d'un Belge, Albert Van Everdingen, 1752; et en prose suédoise, 1775; une continuation du roman, en vers bas-saxons, essayée en 1732 par Renner, sous le pseudonyme de Spare, publiée comme datant de 1516 et qui devait être traduite en vers allemands en 1814; enfin l'édition de Delft de 1485, réimprimée, en 1783, par L. Guhl, et la prose française publiée à Bruxelles et Paris, 1739 et 1788, préparent une nouvelle royauté littéraire à « l'Ulysse des animaux, » Gœthe, 1794, suivi par Œhlenschlaeger, 1806, couronna le *Reineke fuchs*.

Un écrivain, qui attribue justement aux régions du Nord le poème du Renard, avance que les manuscrits eux-mêmes, malgré la dispersion et le pillage des bibliothèques, n'ont pas franchi ces limites. C'est une erreur. Il existe à Rome un manuscrit du Renard en langue d'oïl; et les troubadours ont souvent cité le héros dont le nom a passé et reste dans leur langue conjointement avec *Volp*.

———

Cependant la science était saisie de la question. Avant 1800, M. Van Wyn avait signalé un fragment flamand sur papier ; bientôt le professeur Graeter découvre, à Stuttgard, dans un manuscrit daté de 1404 et appartenant à la bibliothèque du roi de Wurtemberg, un poème flamand ; c'était la première partie du *Reinart de Vos*. M. Weckerlin en donne des extraits (Stuttgard, 1811) ; M. Graeter le publie (Breslau, 1812). On l'a appelé le manuscrit de Comburg. En 1834, J. Grimm en donne une édition plus correcte, en y ajoutant le fragment d'Amsterdam. L'ancien texte continuait cependant à être étudié, traduit, publié : par M. Scheltema, à Harlem (1826), par le docteur Scheller, à Brunswick (1825), par M. Hoffman von Fallersleben, à Breslau (1834).

On savait, en outre, qu'il avait existé à Amsterdam un manuscrit plus complet de l'œuvre flamande ; MM. Ten Broeke Hoekstra et Groebe en avaient gardé chacun une copie, et le gouvernement hollandais en préparait une édition, en 1836. Depuis 1827, le manuscrit d'Amsterdam avait disparu.

En Belgique, la révolution de 1830 n'avait jeté de réprobation sur cette renaissance que chez quelques hommes d'État à courte vue, complices d'un faux préjugé de réaction. « Éliminé du professorat belge par des hommes incapables de l'apprécier, disait J.-F. Willems en 1833, M. Mone s'est vengé noblement de sa disgrâce en faisant imprimer le texte original de l'un des plus beaux monuments de notre gloire littéraire au moyen âge[1]. » M. Mone venait d'éditer le *Reinardus Vulpes*, 1832. Willems se plaignait lui-même dans cet article d'avoir été « relégué dans un lieu d'exil, » à Eecloo, en expiation de la témérité qu'il avait eue « d'exhumer de notre histoire une nationalité, à laquelle se rattachent nos institutions, nos usages, nos mœurs, notre langue. » Mais les amis de la science, les Warnkœnig, les Willems, les Serrure, les Reiffenberg persistèrent dans leurs travaux. C'est en agissant plus qu'en se plaignant que l'on confond les préjugés et déjoue les injustices.

La même année, Willems publiait à Eecloo

---

[1] *Messager des sciences historiques*, I, 330.

une traduction en vers flamands de la première partie du *Reinart de Vos*. « Les Belges ont le plus grand intérêt au Renard, disait Grimm, mais ont-ils depuis des siècles témoigné quelque attachement à la langue flamande (1834) ? » Grimm venait à la rescousse. Grimm n'aurait plus le droit de parler ainsi. En 1836, on apprend que le manuscrit d'Amsterdam fait partie de la collection laissée par un bibliophile anglais, M. Heber, et qu'il est mis en vente à Londres. MM. Willems et Serrure proposent au gouvernement belge de l'acquérir; la prévention est conjurée; le manuscrit est acheté. M. Willems le publie aussitôt avec une introduction savante; M. Delepierre traduit l'une et l'autre en français (1838). D'autres traductions, d'autres monographies se succèdent chaque année. L'édition de Willems, revue, annotée, a été réimprimée deux fois déjà, en Belgique par M. le docteur Snellaert (1850), en Hollande par M. le professeur Jonckbloet (1856). Le poëte Vanduyse a imité en vers flamands modernes le poëme du moyen âge[1]; enfin, les seules gravures du poëme qui soient réputées sont d'un belge, Everdingen; elles ont été réimprimées

[1] Ouvrage posthume encore inédit.

avec luxe à Londres[1]; et, dans la patrie de Gœthe et du *Reineke fuchs*, le poème flamand est aussi traduit en vers allemands par A.-Fr.-H. Geyder (Breslau, 1844).

Reinart de Vos a repris son rang légitime. La renaissance est complète.

Complète, non ; elle ne l'est pour le public qu'en Allemagne, en Angleterre et en Flandre. Dans la Belgique wallonne, qui a sa part de la gloire de Willem et qui revendique Jacques Giélée; dans la France, qui a son *Renard* publié par Méon, le héros n'a pas le droit de bourgeoisie ; le public ne le connaît pas; ce soin est laissé aux savants qui s'en acquittent peu ou prou. Croirait-on qu'après les publications de Robert et de Méon, M. Villemain ne connaît pas Renard mieux que le public ? Il se contente de dire que « ce n'est pas le Tartufe que Molière a pris chez les trouvères, bien qu'on s'y moque déjà des *Papelards* et des hypocrites; mais que les scènes bouffonnes du *Médecin malgré lui* sont tirées d'une Fable amusante. » Le savant professeur ne voit pas plus loin que le

---

[1] L'éditeur a joint à l'édition de luxe, qui coûte 35 shillings, une édition populaire à bon marché de 4 sh. (1845).

Roman de la Rose et que Rabelais ; au delà il n'y a que le *Vilain mire*. M. Villemain ne veut pas « se perdre dans l'étude généalogique de *quelques vieilles plaisanteries*, venues de nos vieux poètes jusqu'à Rabelais et de Rabelais à Voltaire. »

M. Nisard caractérise parfaitement, pour en faire honneur à son pays, cet esprit qui a créé l'épopée satirique et la comédie de mœurs et produit Voltaire, Molière, Rabelais, Cervantes, le Renard, Plaute et Aristophane :

« Le tour d'esprit satirique dans les écrits en vers des xiie et xiiie siècles est comme le cachet du génie national, et l'empreinte n'en est pas effacée. C'est donc dans les poëmes mêlés de récit et de satire qu'il faut chercher les premiers traits de l'esprit français et les premières traditions de notre langue poétique...

« En aucun autre ouvrage en vers l'esprit français ne s'est montré plus librement et sous plus de faces. Là on le voit dans ce naturel qui se perfectionnera sans changer ; ennemi des préjugés et vivant bien avec eux ; pénétrant les réalités derrière les apparences et l'homme sous l'habit ; obéissant aux puissances, à condition de n'en être pas dupe ; narguant toute classe qui profite de la simplicité populaire ;... plus malin que méchant ; » cette certaine gaîté d'esprit, dont parle « Rabelais, consiste en mépris des choses fortuites. ». Le bon sens français a chassé le merveilleux romanesque... L'imagination est mies au service de la raison;... aussi l'écrivain est-il monté de la vassalité du trouvère à l'indépendance du poète. Il fait la leçon aux rois; il la fait aux prêtres, au pape, à tous les pouvoirs... »

Ne croiriez-vous pas qu'il s'agit du *Roman du Renard ?* Cela s'adresse au *Roman de la Rose*, « le premier ouvrage en vers auquel l'esprit français se reconnaisse ! » Quant au Renard, il a « amusé nos pères ». On s'explique sa popularité, « car ce renard, ce loup, c'étaient le trompeur et sa dupe : c'était l'époque ! » — Le grand critique ne voit pas que ce qu'il admire le plus dans le *Roman de la Rose*, c'est le héros du *Roman du Renard*. Il cite complaisamment un passage de Faux-Semblant, sans s'apercevoir que Faux-Semblant lui-même nomme son maître, comme Basile parlant de Tartuferie :

> J'aim mieux devant les gens orer,
> Et affubler ma *Renardie*
> Du mantel de *Papelardie.*

« Le Tartufe de Molière, dit-il encore, n'est autre que le Faux-Semblant de Jean de Meung, comme celui-ci n'est autre que la Papelardie de Guillaume de Lorris. » Bien ! Mais puisque M. Nisard ne dédaigne pas, comme M. Villemain, cette généalogie, pourquoi ne remonte-t-il pas en ligne directe au héros de Pierre de Saint-Cloud ?

M. Nisard n'avait pas lu le *Roman du Renard*.

M. Lénient pense comme M. Nisard, mais il rapporte son éloge à qui de droit :

« Renard n'est point un philosophe chagrin ni déclamateur : sa malice et sa gaîté triomphent de tous les obstacles. Personnage discret, matois et prudent, il accepte le monde tel qu'il est et se contente de l'exploiter à son profit... Sophiste, diplomate, casuiste, dévot, hypocrite, gourmand, paillard, menteur effronté, faux ami, mauvais parent, esprit fort; à la fois Patelin, Panurge, Tartufe, Figaro, Robert-Macaire, voilà Renart....

« La satire se mêle perpétuellement à la fable, mais sans l'entraver ni l'étouffer[1]. »

Ainsi la cause s'éclaire; elle sera gagnée en appel. Les écrivains ont commencé à lire l'œuvre et à lui rendre justice. Dès 1825, M. Robert, en recherchant les origines des *Fables* de La Fontaine, mettait en tête des ouvrages français ce poème qu'il regardait « comme un des monuments les plus curieux de la littérature française naissante ». Deux ans après, M. Méon éditait la plus grande partie des branches gau-

---

[1] *De la satire en France au moyen âge*, par C. Lénient, professeur de rhétorique au lycée Napoléon. Paris, 1859.

loises. Déjà Legrand d'Aussy avait analysé quelques branches et Roquefort et Paulmy avaient signalé le succès de Jacques Giélée. M. Raynouard étudiait avec soin les publications de Méon et de Robert.

C'est en français que le savant danois M. Rothe a publié son excellente étude sur tous ces poèmes[1]. — « L'œuvre d'Henri d'Alkmar, dit M. Eichhoff, se rattache, par la perfection de l'ensemble, aux meilleurs modèles de ce genre que nous offre l'antiquité classique, dans les apologues de Phèdre et d'Horace, dans la Batrachomyomachie et dans l'Hitopadesa des Indiens. Comme ces œuvres justement célèbres, le poème allemand joint au mérite de la forme la peinture énergique et rigoureusement vraie d'une époque de transformation sociale [2]. M. Saint-Marc Girardin a fait du roman gaulois une étude à sa façon, où il néglige « le noble de l'ouvrage » pour le point d'allégorie historique imaginé par Eckhart, adopté par Mone et récemment reproduit par Gfoerer. M. Marmier a jugé

---

[1] *Les romans du Renard examinés*, etc., par A. Rothe, professeur à l'académie royale de Soroë (Danemarck). Paris, 1845.

[2] *Tableau de la littérature du Nord au moyen âge*, par F.-G. Eichhoff, professeur à la faculté des lettres de Lyon, etc. Paris, 1853.

l'œuvre germanique avec un goût sérieux [1].

« Le plus célèbre des fabliaux, disent MM. Bordier et Charton, est le poëme du Renard, et il est digne de sa célébrité... Renard court à travers mille aventures hasardeuses, dont le tour vif, la vérité profonde, les détails variés font de cette fable l'une des plus agréables compositions que notre littérature ait produite. Elle paraît être originaire de la Flandre, ce pays des fortes bourgeoisies [2]. »

« Qu'est-ce donc que ce livre? dit M. Philarète Chasles; l'analyse de la vie humaine, tracée avec une joviale, rustique et chaude sagacité. C'est le monde en mascarade, avec des moines-loups, des intendants-renards, des coqs-guerroyants, et mille réalités tristes sous de comiques masques. Le contraste des diversités humaines, finement marquées, est le caractère spécial du livre. Au-dessus de toutes ces variétés, et triomphant d'elles, plane la Ruse, maîtresse unique, suzeraine du monde... — Son éloquence, ses ressources, sa finesse, sa dextérité, le superbe sang-froid avec lequel il exploite tous les caractères et tous les vices, le placent à côté de Panurge, de Figaro et de Gil-Blas [3]. »

L'*Histoire littéraire de France* des Bénédictins,

[1] *Lettres sur la Hollande*, par X. Marmier. Paris, 1841.

[2] *Histoire de France d'après les documents originaux*, par MM. H. Bordier et Ed. Charton. Paris, 1859.

[3] *Études sur les premiers temps du christianisme et sur le moyen âge*, par M. Philarète Chasles, professeur au Collège de France. Paris, Amyot, 1847.

continuée par l'Institut, consacre une longue étude à ce cycle poétique. M. Paulin Paris ne ménage pas les éloges à cette « multitude de petits tableaux, pleins de vie et de poésie, » à cette « miniature épique, hardie, originale, » et, en parlant d'un discours de la poule, il va jusqu'à prononcer le nom d'Homère.

Naylor a appelé ce poëme « la Bible profane du monde moderne, *the unholy Bible of the world* ».

Enfin, MM. Phil. Chasles, Génin et Lénient caractérisent l'œuvre d'un mot : le premier l'appelle une épopée d'observation comique; le second : la grande comédie de mœurs de l'époque ; le troisième : le chef-d'œuvre satirique du moyen âge.

La popularité du livre ne peut tarder à s'étendre du Nord au Midi. La France plus longtemps ne voudra pas ignorer que l'Allemagne, l'Angleterre, la Hollande, la Suède, le Danemarck, l'Islande même possèdent une iliade satirique. Dans une époque où l'on recherche et publie les monuments littéraires des pays les plus lointains, des temps les plus reculés, on finira par avoir honte de ne pas lire une œuvre commune à nos pères, gaulois et germains, et qui ne date que de quelques siècles.

Jusqu'à présent, le Renard, — populaire et illustré de toutes les façons et de toutes les bourses dans le Nord, — apprécié enfin des savants du Midi, n'a aucune édition populaire en français.

Je me trompe ; il en est deux.

Sur l'une je lis :

Le RENARD DE GŒTHE, *traduit par Edouard Grenier*, Bruxelles, Office de publicité, 1858.

Et puis rien ! Ouvrez le livre et comparez ; il peut servir de traduction au poëme flamand. Voilà donc, dans la patrie de Willem, Gœthe proclamé l'auteur du *renard*, par un compatriote de Pierre de Saint-Cloud. En bonne conscience, l'éditeur pouvait-il dire : M. Grenier a traduit Gœthe, lequel Gœthe a traduit Henri d'Alkmar, lequel Henri d'Alkmar a traduit l'édition de Gouda, lequel anonyme de 1498 a traduit *Reinart de Vos*, lequel... Cette « généalogie de quelques vieilles plaisanteries » eût été trop longue, même pour une préface. Le plus simple eût été de traduire l'original sans intermédiaire. Mais cette œuvre est de deux Flamands de Flandre. Est-on obligé de savoir cela à Paris, et l'achèterait-on en Belgique ? Le *renard* de Gœthe, à la bonne heure !

L'autre édition est édifiante :

Le ROMAN DU RENARD, d'après *toutes* les branches et *toutes* les versions, édition publiée par J. Collin de Plancy. Malines, P. J. Hanicq, imprimeur du Saint Siège, de la sainte Congrégation de la propagande et de l'archevêque de Malines, 1843.

Écoutez ce passage de la préface :

« Avouons qu'il faut avoir de l'admiration à perdre pour la prodiguer à de brutales indécences, à de sales aventures, à cet esprit qui ronge, qui n'est autre chose qu'un coup de dent ou *un coup de sabot* et qui n'a manqué en aucun temps aux écrivains avilis. Par exemple, on fait de Renard un ermite, puis un prélat qui mange des poulets. Est-ce bien spirituel? On le fait excommunier par l'âne ; comme c'est ingénieux. On l'établit grand-maître des templiers et des hospitaliers, portant d'un côté la barbe rase et de l'autre la barbe pleine avec l'habit mi parti. N'est-ce pas trivial? Ce sont là les plus beaux traits de l'esprit que nous signalions.

« Mais cet esprit d'allégories forcées gâte le vrai roman du Renard! C'est donc la conception originale *dans sa verdeur naïve* que nous voulons donner ici...

« Nous croirons rendre service en procurant à tout le monde le plaisir de lire ce roman célèbre. Il est connu de tous les pays et de toutes les langues... Goethe n'a pas dédaigné de le rajeunir en Allemagne Œhlenschlaeger en Danemarck.... Laurensbergh disait : La sagesse profane n'a pas produit de livre plus digne d'être loué que le Renard. Il l'entendait dégagé des immondices qui l'étouffent. » (P. 9 et 10.)

Vous croiriez d'après cela rencontrer l'original si illustre, traduit par Gœthe et Œhlenschlaeger, loué par Laurensbergh ; ne vous y fiez point ; l'auteur dévot se croit obligé de vous prémunir :

« Si l'on trouve *peut-être*, dit-il, que le Renard ne répond pas suffisamment au *vacarme* qu'on en a fait, nous ferons remarquer qu'il a été exalté par deux trompettes, celle des bonnes gens qui ont salué le bon livre spirituel et naïf, et celle des ennemis de l'Eglise et des mœurs qui ont battu des mains, avec *frénésie de fanfares*, aux plates surcharges effrontées, conspuées aujourd'hui, » (P. II.)

Le lecteur trouvera, en effet, que ce livre ne répond pas au vacarme que l'auteur lui-même en fait. Style, esprit, portée, on y cherche en vain le poëme du moyen âge. C'est le Renard A. M. D. G. ; Renard revu, corrigé, amendé, et publié par lui-même !

Ce chef-d'œuvre, dégagé de ses immondices, n'a pas manqué d'être réimprimé plusieurs fois en France :

BIBLIOTHÈQUE APPROUVÉE.
Les fabliaux du moyen âge parmi lesquels se lisent... le Roman du Renard ; colligés par Jacques Loiseau. Librairie d'éducation de Périsse frères. Paris et Lyon. — Paris, librairie des livres liturgiques illustrés.

En regard du titre, on trouve *l'approbation* de Msr. J. F. V., évêque de Châlons.

« Nous avons fait, dit l'évêque, examiner ce livre d'où l'on a écarté assez heureusement les mauvaises doctrines et les choses répréhensibles des poètes du passé, etc. Châlons, 26 décembre 1845 [1]. »

L'introduction dit :

« Aux scandales que Le Grand d'Aussy affectionne nous avons substitué de plus honnêtes détails... Nous avons déblayé les grossièretés des *Aventures de Tyl l'espiègle*. Nous avons trouvé le travail tout fait pour le *Roman du Renard*. »

Ce travail est celui de M. Collin de Plancy. Ce Renard-là n'a point de patrie.

Glorification au Nord, réprobation ou falsification au Midi, la cause de cette différence est facile à reconnaître. Chez les peuples protestants, le succès se maintient longtemps, se propage au premier réveil. Chez les peuples catholiques, le poème est au nombre des livres proscrits, livrés à la destruction ; il tombe avec la liberté religieuse ; il a grand'peine à renaître

---

[1] Il y en a d'autres éditions : *Roman du Renard, version épurée*, par Collin de Plancy. Paris, société de Saint-Victor, rue de Tournon, 3ᵉ édition, 1855. Prix : 60 centimes.

avec la liberté politique. Renard, comme Marnix, est un vaincu[1] !

Puis, la prévention et la routine s'en mêlent. Un chef-d'œuvre inconnu! qui aurait failli périr! que la France ne connaitrait pas! dont les cours de littérature ne feraient point mention! On est trop façonné à une philosophie idolâtre du succès pour supposer une pareille méprise du goût, pour admettre une semblable erreur de la *Providence!* Ainsi, des esprits libres, se piquant de ne relever que de la raison et de réparer les brèches que l'inquisition lui a faites, se laissent prendre aux préjugés et aux proscriptions des vainqueurs. Bonnes gens qui se croient indépendants et qui acceptent les verdicts de l'*Index!* Ah! que nous sommes bien de la race qui a crié le *Væ victis!*

La différence des œuvres a dû entrer aussi pour quelque chose dans la différence des destinées du poëme germanique et des branches gauloises. L'unité défendait le *Reineke fuchs*, tandis que le sujet, disséminé, émietté dans les fabliaux, devait déchoir avec le goût et s'éva-

---

[1] M. Édelestand du Méril dit en parlant de ces fables : « Il en résulta des tendances démocratiques et antisacerdotales qui les empêchèrent d'acquérir une grande popularité dans les pays aristocratiques et profondément catholiques. »

porer au souffle de la persécution religieuse, de la renaissance de l'antiquité et de la concurrence des œuvres de Rabelais et de La Fontaine.

Les plus anciennes branches gauloises, se rapprochant le plus du type, sont des peintures de caractères; bientôt, elles parodient les combats, « se chamarrent des couleurs de la chevalerie [1] » ou tombent dans l'obscénité de certains fabliaux, ou s'égarent dans la quintessence allégorique du *Roman de la Rose*, ou passent de la comédie de mœurs, satire en action, à l'iambe, satire en paroles. La langue n'est pas faite d'ailleurs, ni le goût, et le style se perd dans l'excès ou la grossièreté des détails. Le sentiment du sujet même y est fréquemment négligé, au point que Renard y reçoit le rôle de dupe. — Avant tout, cependant, Renard représente le succès, le succès quand même, sans conscience, par l'exploitation des vices et des faiblesses d'autrui; le succès par l'esprit, par l'adresse, par la ruse. Trop souvent, dans les branches gauloises, Renard voit sa proie lui échapper; trop souvent il est maigre et chétif, comme si les renards ne trouvaient pas toujours bonne table; trop souvent il est battu, même

[1] Rothe.

par le loup; trop souvent le poëte se plaît à lui lancer d'ironiques proverbes : *Cil qui tot convoite tot perd. — N'est ni sage qui ne foloit, — ni fol qui aucun sen ne face. — Mais sages hons sovent foloit. — Lors sot Renard trop pou d'aguet* (lors Renard fut à court de ruses). Ce sentiment va trop loin lorsqu'on nous le montre : ici, devant la vie à la pitié du loup et presque mangé par lui; là, *noiant et mat;* là, saisi de *couardie*, ou s'accusant de vieillesse; et qu'on gâte les plus spirituelles inventions pour lui ôter le beau rôle[1]. Je ne reconnais plus la vieille couleur flamande que MM. Marmier, Phil. Chasles et Duméril, comme Grimm et Gervinus, ont remarquée dans cette poésie, et il me semble entrevoir un antagonisme de race dans ce plaisir que prend le trouvère gaulois à berner le héros germanique. La Fontaine lui-même subit l'influence; il est inutile de citer ses fables où le renard se laisse prendre. « Vos

---

[1] Voyez, entre autres, vers 1186, 1679, 2897, 2950, 3918, 4687; 4702; 5459-5552-5557; 6503, 6566, 6616, 7342, 7757-7780; 15,910, 17,043-17,046; 17,362, 17,566, etc., etc. — Dans la fable du renard et du corbeau, quand le corbeau laisse tomber son fromage, le renard fait un grand effort sur lui-même et laisse le fromage à terre : « Il ne peut aller jusque-là, il a le lumbago; le corbeau peut venir reprendre son fromage. » Mais ce joli tour ne réussit pas, le corbeau ne s'y laisse pas prendre.

renards sont plus fins, » dit-il malicieusement à madame Harvey, en faisant l'éloge des Anglais et de leurs chiens; et ailleurs il s'explique ouvertement :

Mais d'où vient qu'au renard Ésope accorde un point,
C'est d'exceller en tours pleins de matoiserie ?
J'en cherche la raison et ne la trouve point.
Quand le loup a besoin de défendre sa vie
  Ou d'attaquer celle d'autrui,
  N'en sait-il pas autant que lui ?
Je crois qu'il en sait plus; et j'oserais peut-être
Avec quelque raison contredire mon maître[1].

La Fontaine ne savait-il pas ce que représente Renard dans l'Aristophane du moyen âge ? Qu'est-il besoin de consulter l'histoire naturelle ? C'est le cœur humain qui est en scène; ce n'est pas de la science, c'est une comédie de mœurs que fait le poète. Renard n'est pas le goupil, mais « un type intellectuel, physique et moral que tous méprisent, mais auquel la plupart cèdent bon gré mal gré[2] ».

Le Renard Theumesius (Τευμηρια Αλωπηξ), que Bacchus suscita contre les Thébains, ne

---

[1] *Le Loup et le Renard*, XI, 6.

[2] Rothe. — Même en histoire naturelle, La Fontaine se trompe; lisez Buffon qui compare aussi le renard au loup : « Ce que le loup ne fait que par la force, il le fait par adresse et réussit plus souvent. »

pouvait être pris. « Quelque mal et dommaige qu'il feist, dit Rabelais d'après Pausanias et autres, de beste du monde ne seroit prins ne offensé. » Tel est le vrai héros du poëme : tout ce qu'il entreprend réussit, car tous les moyens lui sont bons et il représente le succès :

> Ne fu mie si fol baé
> Qu'il comenchast sans faire fin...
> Mais cil Renard, coment qu'il loist,
> Vint au cheif de lou qu'il emprist [1],

> Je cuidai engeigner Renart ;
> Or ni valent engin ne art [2],

Mais alors l'esprit avait changé ses allures, varié ses goûts ; il était passé du poëme à la fable, au roman, à la comédie ; il s'était transmis du Renard à l'Ysopet, à Pathelin, à Rabelais, à Molière, avant d'aiguiser la plume de Voltaire. Les *Tartufs et les archipatelins* [3] remplaçaient les Renards pour La Fontaine. Le grand fabuliste ne connaissait pas son aïeul du XIIIe siècle.

---

[1] *Le couronnement Renard.*
[2] Rutebœuf. Edition Jubinal, t. I, p. 38.
[3] *Le Chat et le Renard*, La Fontaine, IX, 14.

II

La question de priorité entre les versions de diverses langues me semble aussi peu importante que difficile à vider; je la néglige pour m'occuper des origines de ce cycle poétique.

La fable est de tous les pays et de tous les temps. On la trouve déjà sous la tente de Nemrod avec Abraham[1], dans la Grèce avec Hésiode, Archiloque et Stésichore, dans le Forum romain avec Ménénius Agrippa, dans les palais de l'Inde avec Bidpaï, dans le camp des Perses avec Cyrus[2], et personne ne s'étonnera de rencontrer Renard en Chine[3]. De bonne heure, l'homme dut sentir ses regards attirés vers les animaux; ils ont des sens et des passions

---

[1] Josephe, *Histoire des Juifs*, apologue d'Abraham à Nemrod. — Le *Livre des Juges* contient aussi plusieurs paraboles.

[2] Hérodote, I, CXLI.

[3] Voy. les Renards fées (*la Chine ouverte*), etc.

comme lui; il leur voyait à tous une âme dans les yeux, une volonté dans les actions; à chacun, un caractère distinct, une originalité propre, où il retrouvait, séparés et comme personnifiés, ses qualités et ses vices : force, ruse, vélocité, souplesse, jalousie, cruauté, vengeance; il dut naturellement se comparer à eux, chercher dans leurs usages l'énigme de ses passions, l'exemple de ses mœurs. Aristote donne pour principe à la science de la physionomie, que les qualités des animaux sont exprimées par la forme de leurs organes et que la ressemblance entre ces organes et ceux de l'homme suppose une similitude de caractères. Adamantius pense de même que, si l'on rencontre dans l'homme quelque chose qui se rapproche des formes des animaux, c'est à cause de la ressemblance des penchants, de sorte que chaque homme tient plus ou moins de quelque bête. La métempsycose ajoutait un prestige à ces rapprochements et quelque chose de religieux aux relations des hommes avec les animaux; la fable est surtout fille de l'Orient : « La fable, ô fils du roi Alexandre, dit Babrius dans son prologue, est une vieille invention des hommes de Syrie qui vivaient au temps jadis, sous Ninus et Bélus. »

L'origine des fables dont Renard fut si souvent le héros se perd dans les antiquités gréco-orientales ou indo-germaniques ; et c'est encore de l'Orient que le génie moderne reçut ses meilleurs apologues.

L'influence des Arabes sur la civilisation européenne fut plus grande qu'on ne veut généralement l'avouer. Ces maudits, ces Sarrasins, ces *Vaudres*, auxquels on courrait sus et qu'on massacrait sans pitié, nous apportaient les sciences, les arts, les lettres, l'astronomie, les mathématiques, la médecine, l'architecture, les contes. Rabbi Moïse Sephardi se fait baptiser à l'âge de 44 ans, sous le nom de Pierre Alphonse, 1106 ; un de ses premiers soins est de faire la leçon au clergé, en traduisant des contes arabes, sous le titre de *Disciplina clericalis*[1]. Jean de Capoue, juif converti, traduit les contes de Bidpaï, en vue de diriger les hommes : *Directorium humanæ vitæ*[2]. Une traduction latine de Bidpaï existait déjà, sur laquelle

---

[1] Le *Disciplina Clericalis* a été traduit au XIIIᵉ siècle en vers gaulois sous le titre de *Castoiement* (*Fabliaux* de Méon et Barbazan, II, 39 et suiv.), et en prose par Jean Miellot, secrétaire de Philippe le Bon. On y trouve, entre autres, la fable du Renard et du Loup dans le puits et le fabliau de celui qui enferma sa femme dans une tour. Les *Fabulæ collectæ* en sont des extraits.

[2] 1262-1278.

fut faite la version espagnole de 1251[1]. Enfin, un moine de Haute-Selve imite le roman grec de *Synlipas*, qui n'est autre que le livre oriental de *Sendabad*[2]. — Si l'on veut remonter aux origines du poème du Renard, il est impossible de ne pas tenir compte de ces trésors venus de l'Orient[3].

Cependant, bien avant ces traductions du grec, de l'hébreu ou de l'arabe, bien avant la renaissance des naturalistes anciens, les premiers chrétiens s'étaient fait une zoologie d'après Aristote et la Bible. Dès le second siècle, un livre populaire, écrit d'abord en grec, répandait quelques idées grossières sur les animaux, les plantes, les pierres précieuses. C'est

---

[1] Sarmiento, *Memorias para la hist. della poesia*. — Rodr. de Castro, *Bibliot. Espan.* — Publicer y saforcada, *Ensayo de una bibl. de trad. espan.*

[2] Le roman des *Sept Sages de Rome*, en latin, imité en gaulois par Herbers sous le titre de *Dolopathos*.

[3] On raconte qu'à peine Alexandre avait quitté l'Inde, les peuples conquis, secouant le joug, élurent un roi qui ne tarda pas à étendre sur eux une lourde tyrannie. C'est alors que Bidpaï parut, admonesta le tyran en face, s'en fit écouter après bien des persécutions et reçut la mission d'écrire un livre de morale. Ce livre fut le recueil de fables qui porte le nom de deux chacals, d'autres lisent deux hyènes, d'autres deux renards, qui en sont les héros : *Kalila et Dimna*. Il n'eut pas moins de retentissement que notre Renard. Traduit de l'indien en pehlvi, du pehlvi en

le *Physiologus*. Il avait été commenté par saint Épiphane, auquel de savants éditeurs l'attribuent. Déclaré apocryphe par le concile de Rome de l'an 496, on le voit encore imité ou utilisé par Avitus, par Georges de Pise, par saint Isidore, et plus tard il est recommandé au clergé ; les poètes y puisent de fréquentes comparaisons qui ne peuvent être comprises sans cela ; une version en vers latins du xi° siècle, attribuée à l'archevêque de Tours, Hildebert, imprimée souvent sous le nom de Théobald, évêque (Thibaut de Plaisance), commentée par Albert le Grand, répand cette petite histoire naturelle à tout le moyen âge : telle est l'origine de tous les *Bestiaires*, *Volucraires*, etc. Un poète allemand du xi° siècle, un poète anglo-

arabe, de l'arabe en persan, échappé à la destruction qui signala le fanatisme de la conquête de la Perse par les Musulmans, traduit en grec, en syriaque, refait plusieurs ois en parsi, refondu et rajeuni, à chaque siècle, en persan, traduit en hébreu, en turc, en malabare, en malais, en hindoustani, en marhatte, traduit plusieurs fois en latin, en espagnol, en italien, en français, il n'est pas de livre après la Bible qui ait été autant répandu que celui-là, dit M. de Sacy.

Voici le titre des principales *Fables* de La Fontaine qui n'ont d'autre origine que la Kalila et Dimna : *Les deux Pigeons, les deux Amis, l'Ours et l'Amateur des jardins, le Dépositaire infidèle, l'Homme et la Couleuvre, la Souris métamorphosée en fille, le Pot de terre et le Pot de fer, l'Homme entre les deux âges*, etc.

normand du XIIe, Philippe de Thaun, un poëte flamand du XIIe, Willem Van Utenhove, le même que quelques critiques prennent pour l'auteur du premier *Reinart de Vos*, un poëte anglais du XIIIe, traduisent le *Physiologus*; Guillaume de Normandie l'imite librement en vers gaulois au commencement du XIIIe siècle, et un clerc de Picardie, nommé Pierre, le met en prose du Beauvoisis[1].

Lorsqu'à la fin du XIIIe siècle, Gratien publia de nouveau le décret de Gélase et du concile

---

[1] Plus de doute aujourd'hui, le *Physiologus* est grec et du second siècle. Traduit en arménien, en syriaque et en latin dès cette époque, il a traversé tous les siècles et a été traduit de nouveau au XIe et au XIIe, en arabe, en vers latins, en tudesque, en flamand et en gaulois, prose et vers. On a retrouvé un ancien MS. grec que Dom Pitra a publié, avec une version arménienne (*Spicilegium Solesmense*). Il reste de nombreux manuscrits de l'ancienne traduction latine; les principaux sont: celui de la bibliothèque de Bourgogne, n° 10,074, fin du Xe siècle, et ceux de Berne que Sinner fait remonter, l'un au VIIIe, l'autre au IXe. Ceux de Londres et de Paris sont du XIIIe. M. Ch. Cahier en a publié le texte avec les variantes (*Mélanges d'archéologie*). Le *Physiologus* tudesque est un des monuments primitifs de la langue germanique; il a été publié par Hoffman (*Fundgruben Fur*, etc.) et par Massman (*Deutsche ged. des XII J.*). Le *Physiologus* en vers d'Hildebert est un des livres élémentaires du moyen âge; il y en a plusieurs éditions incunables. Philippe de Thaun dit qu'il prend le texte qu'il traduit :

En un livre dit de *grammaire*
Que nus apppelum Bestiaire.

Le Bestiaire anglo-normand de Ph. de Thaun, écrit vers

de Rome, il était trop tard. Le seul effet de cette publication fut de suspendre un instant l'usage de traduire les récits du vieux bestiaire, en pierre, dans les cathédrales. Mais le poëme du Renard ne tarda pas à donner à ces tendances une vigueur nouvelle.

Les anciens racontaient quelques traits du renard dont le nom était devenu le synonyme de fourbe, et l'Évangile n'avait pas trouvé d'épithète plus injurieuse contre Hérode que le nom du héros de la fable : « Allez dire à ce renard que je chasse les démons ! » (Luc, XIII, 32). Le *Phy-*

1121, a été publié par Wright, d'après un manuscrit de Londres (*Popular Treatise of sciences*, etc. Londres, 1841). Il s'en trouve un manuscrit à la bibliothèque de Copenhague, ancien fonds, n° 3466 (Abrahams, *Descript. des MS. Fr.* Copenh. 1844). Le Bestiaire anglais a aussi été publié par Wright (*Scrap from ancient MS.* Londres, 1841). Le Bestiaire de Guill. Van Utenhove, mentionné par Van Maerland, n'a pas été retrouvé. Le *Bestiaire divin* de G. de Normandie a été publié par M. Hippeau, Caen, 1852, et par M. Cahier (*Mél. d'arch.*).

Sans parler de Salomon, d'Aristote, de Démocrite et du roi Juba, le *Physiologus* a été attribué à Tatien, à saint Épiphane, à saint Ambroise, à saint Chrysostome, à saint Jérôme, à Philatus, à Philo Carpatus, à saint Isidore, à Théobald, à Damascène, à Fulgencius, à Florinus, à Hildebert, à Hugues de Saint-Victor, à Alain de Lille, etc.; il a été traduit, commenté, publié dans toutes les langues, depuis le II° jusqu'au XV° siècle, depuis Tertulien jusqu'à Robert de Furnival, depuis Triphon jusqu'à Dom Pitra. C'est un de ces livres universels, comme le Kalila et Dimna et le roman du Renard.

siologus raconte donc, d'après Aristote, comment le renard, quand il a faim, fait le mort pour attirer les oiseaux et les prendre au piège[1]. Puis, d'après l'Évangile, la *moralité* compare à l'animal rusé, le démon, Hérode, et l'homme artificieux[2].

Demon ab insidiis — vulpeculæ similis,
Et cum fraude viri — sunt vulpis nomine digni.
(*Physiologus* d'Hildebert.)

Déjà, sous Théodose, Claudien, en faisant descendre Rufin aux enfers, y montre les voleurs livrés aux loups, les perfides aux renards :

Prædonesque lupis, vulpes fallacibus addit.

[1] « Dolosum est animal hujus modo, si autem esurierit et non inveniat quod manducet, quærit scissuram terræ et proicit se supinam sursum attendentem, et adducit flatus suum infra se omni modo ; et putant volatilia eam esse mortuam et descendent ut devorent eam. Illa vero subito exsurget et rapit et comedit. » (Ancien *Physiologus*.)

« Lena dolis multis *ocitatur subdola vulpes ;
« Hanc fugat agricola, nam cepit altilia ;
« Sin habet illa famem, quia desunt, invenit artem
« Qua sibi cantantes prendere possit aves ;
« In terram scissam se tendit liramque supinam
« Et quasi sit mortua flamina nulla trahit ;
« Cornix aut alter corvus putat esse cadaver,
« Insidet ut comedat, morsibus excoriat ;
« Illa levis subitoque volatilia sumit,
« Dentibus et tristem reddit edendo necem. »
(*Phys.* d'Hildebert.)

[2] Ἐκ τούτου καὶ Ἡρώδης παρεπλησίασε τῇ

Un siècle après, Boèce disait : « L'homme qui dresse des embûches secrètes et se plait à dépouiller par la ruse, est l'émule du renard, »

Famme est gopil pur gent deceyvre,

dit un fabléor du xiiiᵉ siècle¹.

ἀλώπηκι· καὶ ὁ γραμματεὺς ἀκούσας παρὰ τοῦ Σωτῆρος· Αἱ ἀλώπεκες φωλεοὺς ἔχουσι, etc.

— « .. Nam et Salvator de Herode, filio Herodi diaboli, sic ait : Et dic vulpi illi, etc. » (Ancien *Physiol.*)

— « Herodesque fuit — qui Christum quærere jussit,
« Credere se simulans, — perdere dissimulans. »
(*Phys. Theobaldi.*)

Les traductions anglo-normandes et anglaises rappellent ce trait que néglige Guill. de Normandie :

E Erode en verté
A gopil fud esmé ;
Et notre sire dit
Par veir en sun écrit :
Dites à la gopille
Qu'il fait grant merveille.
(Phil. de Thaun.)

So was Herodes fox and fierd
Tho Crist kam in to this middel-erd,
He said he wulde him leven on,
An thogte he wulde him for-don. »
(*A Bestiary.*)

¹ *La Femme*, poésie du règne d'Édouard II, MS. Harley, publié par Wright (*Scraps*, etc.). Voy. aussi Jubinal (*Jongleurs et Trouvères*) : *Le Blâme des Femmes* : « Feme est gorpil por tout deçoivre. »

L'homme est trompeur comme Regnard,

dit, au xv°, le traducteur des *Enseignements* d'Aristote[1].

D'un autre côté, les fables sont remplies des ruses de leur héros et le nom d'Ésope était resté populaire ; en Grèce, il avait été le type de l'apologue ; dans le moyen âge, on lui attribua toutes les fables que conservait la tradition, ou que les voyageurs apportaient de l'Orient ; les fabulistes empruntaient son nom ou le joignaient au leur[2], et les grands recueils de fables s'appellent en gaulois : Ysopet. De temps immémorial, les fables latines servaient de livres élémentaires, sous diverses formes en rapport avec l'époque ; au IX° et au XI° siècle, Babrius avait été refait en grec et en latin dans le goût du temps ; bientôt, on le mit en prose, en y mêlant des contes tirés du *Syntipas* ou du *Kalila et Dimna*, et en y ajoutant des morales de l'Évangile. Le latin dominait alors : c'est lui qui servit aux débuts du Renard. Non seulement les

---

[1] MS. Bibl. nat. de Paris, ancien fonds, n° 7304, in-4°, 4° partie, fol. 55.

[2] Le faux Ésope anonyme, les fables d'Ésope, de Romulus, de Remicius, d'Avienus, etc., les *Fabulæ extravagantes Æsopi*, les *Fabulæ collectæ* d'après Alphonse, et en gaulois les deux recueils du XIII° siècle, connus sous le nom d'Ysopet.

premiers poëmes du cycle sont en cette langue, mais on retrouve, dans les fabulistes latins antérieurs, les diverses épisodes et souvent l'idée principale des œuvres du genre nouveau. Trois sujets, tout d'abord, se partagent les poètes : l'*Isengrimus*, complété dans le *Reinardus Vulpes*. L'œuvre de Pierre de Saint-Cloud. — La cour plénière. — *Isengrimus?* deux fables des *Fabulæ extravagantes* le contiennent presque en entier[1] ; *Reinardus?* Mone le divise en 15 récits, que je retrouve à l'exception de trois dans les fables latines[2]. — La branche de Pierre de

---

[1] *De Vulpe et Lupo piscatore et Leone.* — *De lupo pedente.* — Grimm les a publiées en latin et Robert les a traduites en français.

[2] Voici quelques exemples des sources latines du Renard

Renard apprend au loup à pêcher : *Fab. extravagantes*, fable 9. — *Isengrimus.* — *Reinardus Vulpes*, liv. I, f. 2. — *Reinart de Vos* et *Reineke Fuchs*, chant IV. — Méon, branche 4.

Le loup arpenteur : *Fab. extr.*, 10. — *Iseng.*, — *R. Vulpes*, I, 3. — Méon, 12.

Le loup écorché pour guérir le lion : *F. ext.*, 9. — *Iseng.* — *R. Vulpes*, II. — *Vos et Fuchs*, X. — Méon, 26.

Pèlerinage du loup : *Iseng.* — *R. Vulpes*, III, 1. — Méon, 23.

Renard mange le coq : *Versus de Gallo* (ix⁰ siècle, Grimm), — *F. ext.*, 2. — *Gallus et Vulpes* (Grimm et Schmeler). — *R. Vulpes*, III, 2. — *Reinbart* saxon. — Méon, 5 et 8.

Le loup mange le lard et ne laisse que la corde à Renard : *R. Vulpes*, I, 1. — *Vos* et *Fuchs*, I. — Méon, 18.

Le loup fait moine : *Luparius* (X⁰ s. Grimm et Schmeler). — *Lupus monachus* (ibid.). — *R. Vulpes*, III, 3. — *Vos et Fuchs*, IV. — Méon, 9.

Saint-Cloud? L'auteur lui-même la dit extraite d'un livre latin : *Aucupre*; ce mot signifie le métier de l'oiseleur, le premier métier du renard, celui que lui donne le *Physiologus*. Il est probable qu'à côté du *Luparius* du *Pœnitentiarius*, de la *Fabella lupina*, de l'*Ecbasis*, de l'*Unibos*, il y avait un *Aucupium*, *Aucupatorius*, *Aucupalis*[1], comme qui dirait les *Piperies de Renard*, ou *renard oiseleur*. Sauf la *Naissance du Renard*, dont on découvrira peut-être un jour l'origine, les sujets de Pierre de Saint-Cloud se retrou-

---

Renard viole la louve : *R. Vulpes*, III, 4. — *Vos et Fuchs*. — Méon, 1 et 29.

Le loup ou le renard chassé du couvent : *R. Vulpes*, III, 5. — Méon, 24.

Le loup, le cheval et le renard : *F. extr.*, 1. — Romulus, *F. Æsopi*, f. 42. — *R. Vulpes*, III, 6. — *Vos et Fuchs*, VIII. — Méon, 13 et 17.

La part du lion : Romulus, f. 6. — *F. antiquæ Nilantii*, 9. — *R. Vulpes*, IV, 2. — *Vos et Fuchs*, XI. — Méon, 11. — *La compaignie Renard*.

Serment du loup sur un piège : *R. Vulpes*, IV, 3. — Méon, 10.

Renard fait le mort : *Physiologus*, etc. — *Vos et Fuchs*, VII. — Méon, 2, 10, 18 et 29.

Le prêtre et le loup : *Sacerdos et lupus* (Grimm et Schmeller). — Méon, 16.

Renard qui sait mille tours et le chat qui n'en sait qu'un : *Fab. extr.*, 5. — Méon, 28.

Renard dans le puits : *Disciplina Clericalis*. — *Fab. collectæ*, 9. — Remicius, *F. Æs.*, 3. — *Vos et Fuchs*, XI. — *The Vos and the Wolf*. — Méon, 13.

[1] AUCUPALIS, *ad Aucupium idoneus*, année 1217 (Clossaire de la basse latinité).

vent dans les poésies latines : le *Physiologus* et les faux Ésopes. — *Reinart de Vos* et la 20ᵉ branche de Méon, à leur tour, empruntent beaucoup aux auteurs latins et s'en réfèrent à la connaissance qu'en ont les lecteurs. Ainsi l'allusion aux fonctions de forestier du Roi qu'occupe Renard[1], rencontre son explication dans *Reinardus Vulpes*[2]. On sait aussi que *Reinart de Vos* a été traduit en latin avant l'année 1280.

Toutes les autres branches ne sont guère que des imitations, des développements de ces trois sujets, qui eux-même se mêlent et se confondent. Une grande partie de ce que les trouvères y ajoutent est due encore aux premières imitations latines d'Ésope ou de Bidpaï. Toute la poésie vulgaire du reste suivait cet exemple. Le génie moderne s'était essayé dans le latin, imposant à la langue de Virgile corrompue, ses modes nouveaux de versification, la rime et les plus gracieux détours de la strophe. Quand il préféra les langues nouvelles, il n'eut qu'à s'imiter, à se continuer lui-même; il ne répudia point ses premiers trésors amassés et confiés à une langue morte. Le fabliau de *Celui qui en-*

---

[1] Reinart de Vos, v. 1806 et 1807.

[2] « Cum sit tutelæ credita silva meæ. » (Édition Mone, ch. IV, vers 15.)

ferme sa fame en une tor, qui a fourni à Molière le dénoûment de Georges Dandin, le *Dolopathos* où Shakspeare a puisé son Shylock, sont imités du latin; les premières visions qui ont préparé l'œuvre du Dante étaient en latin; les traditions bretonnes, mères de Chrestien de Troyes et de l'Arioste, ne sont parvenues dans les idiomes modernes qu'en passant par cette langue de transition; le cycle poétique des croisades, qui aboutit au Tasse, commence par des chansons latines, avant Graindor de Douay; La Fontaine et Boccace auraient reconnu beaucoup de leurs contes dans les imitations latines d'Ésope et de Bidpaï; et ce n'est pas sans surprises qu'on retrouve en embryon dans la muse latine, les plus beaux fabliaux : *La Grand'mère et le Loup*, de Perrault[1], *l'Avarice et l'Envie*, que M. Victor Hugo a rajeuni[2], et jusqu'au *Testament de l'âne*, de Rutebœuf[3].

---

[1] *Fabulæ* Aviani, 1. On trouve cette fable en anglais sous le règne d'Henri III (Wright).

[2] *Fab.* Aviani, 17. *De Phœbo, auro et invido :*
   Nam petit extinctus ut lumine degeret uno,
   Que l'on m'arrache un œil, dit-elle. (V. Hugo.)

[3] Voici l'original latin du fabliau de Rutebœuf :
« Argumentum XXII. De episcopo sacerdote et ejus cane,
« *Summus multipotens loca secreta violata per se etiam absque ceremoniis reconciliat. De quo hanc sententiam animadverte.*
« In Tuscia sacerdos quidam erat rusticanus, sed admo-

Les peuples germaniques à leur tour revendiquent une large part dans ce cycle littéraire. J'ai déjà dit que leur esprit y dominait. Les lois des Germains protégeaient les animaux, et ces peuples sont ceux de la race indo-européenne qui ont conservé davantage le culte de la nature, métempsycose dans l'Inde et chez les Druides, sorte de providence naturelle chez les Bardes, panthéisme chez les Saxons et les Allemands.[1]

Le nom d'Isengrin donné au loup vient de l'antique langue scandinave ; on en trouve l'étymologie dans le poëme de l'Edda, la Voluspa, où le loup représente le principe du mal. De

dum opulentus; hic caniculum sibi carissimum, cum mortuus esset, sepelivit in cimiterio. Sensit hæc episcopus et in ejus pecuniam animum intendens : Sacerdotem veluti maximi criminis reum ad se puniendum vocavit. Sacerdos, qui animum episcopi satis noverat, centum aureos secum deferens, ad episcopum venit : qui sepulturam canis gravius accusans : jussit sacerdotem ad carceres duci. Hic vero sagax : O presul, inquit, devotissime, si nosceres quâ prudentiâ caniculus iste fuerat præditus : non mirareris si sepulturam inter homines meruerit. Fuit enim plus quam ingenio humano, tum in vitâ tum in mortis articulo, usus. Quidnam hoc est, sit episcopus. Testamentum inquit sacerdos, in fine vitæ condens : Sciens nunc urgentem egestatem tuam : centum tibi aureos ex testamento reliquit, quos jam mecum detuli. Tunc episcopus et testamentum et sepulturam approbans, acceptâ pecuniâ, sacerdotem absolvit. » (*Fabulæ collectæ*, ex Adelfonso.)

[1] Duméril, *Poeseos popularis*, p. 304.

tout temps, le nom du Renard fut une injure ; la loi salique défend de le donner à personne, et ce nom lui-même offre une double particularité remarquable : dans le latin, il ne rappelle que la vélocité du *Vulpes : a velocitate pedum*, dit Varron ; dans les langues du Nord comme dans le grec, il rappelle sa ruse. Dans le latin et le grec, il est féminin, et il a conservé ce genre en espagnol et en italien ; dans les langues du Nord et en français, Renard est masculin, comme il convient au héros d'une épopée.

Chaque race a son jour d'avoir de l'esprit, quand elle sert une bonne cause, ou se trouve dans sa véritable voie. Renard eut son siècle, et son esprit est germanique. La fable doit être « une ample comédie aux cent actes divers ; » dans l'Inde, elle était devenue un roman moraliste ; en Grèce et à Rome, on l'avait concisée en quelques vers, en vue de l'enseignement général ; Babrius avait dédié son recueil à un enfant, et un diacre du IXe siècle, maître Ignace, le trouvant encore trop long, l'avait réduit en quatrains. De la fable qui peint les mœurs au conte de Boccace, il n'y a qu'un pas ; l'Orient et la Grèce l'avaient risqué. Les romans indiens n'ont pas d'ensemble ; le sujet n'est qu'un prétexte ; l'idée n'est que le cadre d'une mosaïque. On n'y commence pas un conte sans en rencontrer plusieurs, enfermés les uns dans les autres, comme ces boites qu'on ne peut ouvrir sans en trouver une autre plus petite. Le génie, plus épique dans le Nord, donna à ces récits tous les caractères de l'épopée : l'unité, l'ampleur, la mise en scène, les discours héroïques. Qu'il écrivit en latin, en flamand ou en gaulois, il prit ses matériaux où il les trouvait et il les marqua d'un cachet nouveau ; son choix fut judicieux, et la transformation complète : il avait un héros et une idée artistique, il soumit tout à cette double nécessité.

Il adopte d'abord le récit du *Physiologus* qu'on retrouve partout et qui donna sans doute son nom à l'*Aucupatorius;* puis, de quelques fables du *Disciplina clericalis* et des *Fabulæ extravagantes*, il fait deux poëmes latins, et de deux mots prêtés au renard il fait un discours d'épopée satirique. Bientôt il prend aux récits orientaux l'idée de la cour plénière : Renard comparaît devant le lion ; mais ce ne sera ni un ministre intègre et calomnié[1], ni un coupable qui doit périr[2] ; le héros, coupable, défendra

[1] *Kalila et Dimna*, chap. ıx, t. III, p. 139, traduction Galland et Cardonne. Paris, 1778.
[2] *Ibidem*, ch. ııı, t. II, p. 212.

vivement sa tête et la sauvera par la ruse. — Il emprunte au lièvre ses paroles hypocrites : « Celui que je vous présente est tout en Dieu[1]; » mais il les prête à Renard et se garde de lui faire concurrence sur ce point capital. Il ne néglige pas l'histoire de la guérison du lion[2]; mais il en fait honneur à son héros et donne la vie à cette fable en y ajoutant un trait, la vengeance. La fable des deux béliers qui tuent leur agresseur ne lui échappe point[3]; mais il évite de faire de Renard leur victime. S'il s'approprie l'histoire du singe qui se prend la queue dans un arbre fendu en faisant sauter le coin[4]; mettre en scène la maladresse du singe ne lui suffira pas, il voudra peindre à la fois la ruse du renard et la gloutonnerie de l'ours. Enfin, il se garde d'avoir deux renards, l'un rusé, méchant, vindicatif[5], l'autre sage, adroit et philosophe[6]; il

---

[1] *Kalila et Dimna*, ch. 1. — *Le loup, le lièvre et le renard*, able, t. I, p. 379.

[2] *Ibid.*, ch. 1. — *Le corbeau, le loup, le renard, le lion et le chameau*, t. II, p. 87 et suivantes. On y trouve en germe (p. 96) le discours du loup du *Renardus Vulpes* sur les droits de l'autocratie.

[3] *Ibid.*, ch. 1. — *Le derviche et le voleur*, t. I, p. 312.

[4] *Ibid.*, ch. 1. — *Le singe et le menuisier*, t. I, p. 238 et suiv.

[5] *Kalila*.

[6] *Dimna*.

supprime le faux renard et garde le vrai. Sous ce souffle puissant, les contes moraux s'animent d'une vie nouvelle, les fables, emboîtées, se développent dans l'action et l'unité ; l'apologue grandit, la petite école de mœurs devient une iliade satirique.

Outre ce génie épique, la poésie du Renard affecte une causticité narquoise, se plaît au sarcasme après la mystification, aiguise la ricanerie avec amour. Ce caractère s'aperçoit déjà dès les premières versions latines, même dans les *Fabulæ extravagantes* : *Quin es tu*, dit Renard au loup qu'il a fait écorcher, sauf à la tête et aux pieds, *quin es tu, qui pergis deorsum per pratum, cyrothecas gestans in manibus et pilleum in capite, tempore tam sereno*[1] ? Les discours, surtout les discours railleurs, abondent, surabondent dans les poésies latines, et cet entrain sarcastique ne fera que se fortifier avec l'art et le goût. Ainsi les jeux d'esprit de moines désœuvrés, forgeant de cruelles plaisanteries sans danger, les uns contre les autres, ouvrent à la fable ce cycle nouveau, le vrai cycle du Renard, dont la muse populaire doit faire une arme si tranchante et si belle. Rendons leur part aux tradi-

---

[1] *Fabulæ extravagantes*, 9.

tions grecques et orientales; le genre épique et la poésie sarcastique, voilà ce qui appartient au génie germanique et n'appartient qu'à lui. Il a élevé le fabliau naissant à la puissance d'une épopée aristophanesque.

———

N'oublions pas cependant que la fable est un genre universel, et que celle du Renard fut renouvelée au moyen âge par la langue universelle du temps.

A cette époque d'ailleurs, l'individualisme n'était pas en vogue. Loin d'appartenir à une race ou à une langue, un sujet n'appartenait pas même à un poëte. Tout était à tous. La littérature vivait de larges échanges. Rois et manants, princesses et bourgeoises, prêtres et épiciers[1], toutes les classes se mêlaient dans la culture du gay savoir. Cycle gaulois des douze Pairs, cycle breton d'Arthus, cycle germanique de Renard, cycle naturel des Bestiaires, cycle catholique des Visions, cycle antique d'Alexandre, etc., etc., tous les héros fraternisaient de pays à pays, de poëte à poëte. « Si quelqu'un, dit

---

[1] « Marchans fu (je fus marchand) et espiciers
Le temps de dix ans tous entiers, »
Dit l'auteur du Renart contrefait.

Pasquier, avoit encommencé une œuvre de mérite, et qu'il fût prévenu de mort avant que de le parachever, il se trouvoit quelque bel esprit qui y mettoit la main pour ne laisser l'ouvrage imparfaict. » Ainsi du Renard! ; adopté partout, personne ne songe à en réclamer le monopole, à établir un droit de premier occupant. Les noms gaulois s'y confondent avec les noms germaniques; le Reinart flamand habite Maupertuis; le Lion français parle du *chastel l'empereor Ottovien* comme s'il était à Gand, près du château d'Othon. Ysengrim le loup, Baldwyn l'âne, Cuwaert le lièvre, Tiercelyn le corbeau, Grimbert le baireau, Landfrit le charpentier, tous bons Germains par le baptême, se mêlent à Courtois le chien, à Chanteclair le coq, à Pinte la poule, à Fierapel le léopard, baptisés en Gaule. « Je me suis servi de livres français, » dit Willem, répété par

---

« Elle est si profondément germanique, dit Phil. Chasles, que l'on en trouve des traces jusqu'au fond du xie et du xiie siècle ; elle est *si complètement européenne*, que chaque peuple du Nord se l'est appropriée. » *(Études sur les premiers temps,* etc.)

« Le sol de la *patrie universelle* était fécond en généreuses pensées, chante Aug. W. Schlegel,... une même chevalerie changeait les combattants en frères d'armes... un même amour inspirait tous les cœurs, et la poésie qui chantait cette alliance exprimait le même sentiment dans les langues diverses. » (*Stances,* citées par Mme de Staël.)

d'Alkmar. *Willecomel* dit l'auteur de la 20e branche française, ne reculant pas devant ce flandricisme, qui n'est pas le seul.

Dans ce temps de morcellements féodaux où l'Europe n'existait pas, la poésie était européenne ; laissons-lui ce caractère.

J'étudierai l'œuvre en elle-même, dans ses caractères généraux et partout. C'est sur sa signification morale, sa portée littéraire et son rôle historique que je ferai du *vacarme*.

III

Come Diex ot de paradis
Et Adam et Evain fors mis...
Pitiez l'emprist, si lor dona
Une verge, si lor mostra
Qant il de riens mestier auroient,
De cete verge en mer ferroient.
Adam tint la verge en sa main,
En mer feri devant Evain :
Sitost con en la mer feri,
Une brebiz fors en sailli.
Lors dist Adam, dame, prenez
Ceste brebiz, si la gardez ;
Tant nos donra let et fromage,
Assez i aurons compenage.
Evain en son cuer porpensoit
Que s'ele encor une en avoit,
Plus belle estroit la conpaignie.
Ele a la verge tost saisie,
En la mer feri roidement :
Un Leus en saut, la brebiz prent,
Grant aléure et granz galos
S'en va li Leus fuiant au bos.
Qant Eve vit qu'ele a perdue
Sa brebiz, s'ele aïue,

Bret et crie orment, ha ! ha !
Adam la verge reprise a,
En la mer fiert par mautalent,
Un chien en saut hastivement.
Quant vit le Leu, si lesse corre
Por la brebiz qu'il velt rescorre,
Il li resquest : moult à enviz
L'a laissé li Leus la brebiz ;
Si feroit-il encor demain
S'il la tenoit n'à bois n'à plain.
Por ce que mesfet ot li Leus,
Au bois s'en foui tot honteus.

Quant Adam ot son chien et sa beste,
Si en ot grant joie et grant feste.
Toutes les fois c'Adam feri
En la mer, que beste en issi,
Cele beste si retenoient,
Quele que fust, et aprivoient.
Celes que Eve en fist issir,
Ne pot-il onques retenir ;
Sitost con de la mer issoient,
Après le Leu au bois aloient.
Les Evain asauvagisoient,
Et les Adam aprivoisoient.
Entre les autres en issi
Le Gorpil, si asauvagi :
Rous ot le poil conme Renart,
Moult par fu cointes et gaingnart :
Par son sens toutes decevoit
Les bestes qanqu'il en trovoit.
Icil Gorpil nos senefie
Renart qui tant sot de mestrie :

Tot cil qui sont d'engin et d'art
Sont mès tuit apelé Renart.
Por Renart et por le Gorpil
Moult par sorent et cil et cil.
Se Renart set gens conchier ;
Le Gorpil bestes engingnier.
. . . .
Car cil Renart nos senefie
Ceus qui sont plain de felonie,
Qui ne finent del agaitier
Con puissent autrui engingnier ;
Ne jà le fel liez ne sera
Le jor qu'autrui n'engingnera.
Al engingnier li sont onni
Privé, ou estrange ou ami :
Jà un sol n'en espargnera,
Jà si chier ami ne sera,
Et avec cele felonie
A-il le cuer tot plain d'envie
Et envie est tele racine
Où touz li max prenent orine.
Avec felonie et envie
Escharsetez est lor amie,
Et escharsetez est tel chose
Que toz tens a la borse close.
Escharsetez est une vice
Qui forment aime avarice :
Avarice a le mont sorpris,
Cil est clamez dolent, chaitis,
Ne rente n'a, se il n'usure [1].

[1] Méon, 1re branche.

C'est ainsi, s'il faut en croire Pierre de Saint-Cloud, presque en même temps que l'homme et sans doute pour remplacer le serpent, que naquit cet animal rusé qui se glisse entre le mari et la femme, entre les citoyens et l'État, entre l'homme et Dieu, pour exploiter les vices des grands et l'ignorance du peuple [1]..

L'antiquité l'a connu; le Christ l'a chassé du temple; les Pères de l'Église l'ont stigmatisé; le moyen âge l'a flagellé; le *Roman de la Rose* l'a flétri des noms de Faux-Semblant et de Papelard; Pierre Gringoire a groupé autour de Mère Sotte, Hypocrisie et Sotte Fiance; Rabelais a emprunté au XIIIe siècle le nom de Papelard pour le mettre au pilori de ses sarcasmes; Regnier lui a donné la jupe de la courtisane jouant la dévotion; Machiavel l'a esquissé dans la *Mandragore*, l'a peint tout entier dans le *Prince*; Pascal lui a donné un coup mortel. Le théâtre s'empara de bonne heure de ce sujet; une vieille chronique rapporte qu'en juin 1313, aux fêtes données à Paris par Philippe le Bel,

---

[1] Le *Renard contrefait* remonte plus haut; selon lui l'art de renardie date d'avant la création, et a perdu les anges :

« Renardie puis truvée feu
Longtemps que Nature ne feu,
Dès lors que ange furent fait,
Qui par orgueil furent défait. »

lorsqu'il arma ses fils chevaliers, on joua des mystères et des farces, au nombre desquelles la vie du Renard, médecin, évêque, pape, et mangeant toujours des poulettes :

> Là vit-on Dieu sa mère rire ;
> Renard fisicien et mire.
>
> . . . .
>
> Herode et Cayphas en mitre
> Et Renard chanter un espitre
> Là fu véu, et Évangile
> Croix et flos et Hersent qui file.
>
> . . . .
>
> Corroier aussi contrefirent,
> Qui leur entente en ce bien mirent,
> La vie de Renart sans faille,
> Qui menjoit et poucins et paille ;
> Mestre Renart i fu evesque
> Véu, pape et arcevesque.
> Renart i fut en toute guise
> Si com sa vie le devise [1].

Machiavel a mis en scène Fra Timotéo ; Ben-Johnson, Volpone ; Molière, Tartufe, Beaumarchais, Basile. Notre siècle, qui le trouve sur le trône comme Machiavel, et dans la sacristie comme Molière, a essayé de le peindre sous divers noms ; déjà ses deux faces sont esquissées ; le Renard religieux du XIXe siècle, c'est

[1] Chronique de Godefroid de Paris.

Rodin! le Renard politique, le voyez-vous, c'est Robert-Macaire!

L'antiquité l'a connu. Qu'est-ce, en effet que le parasite de la scène antique qui vit aux dépens de celui qui l'écoute? Aristophane a mis en scène le parasite religieux : à peine les oiseaux ont-ils tracé l'enceinte de leur ville, Néphélococcygie, qu'un devin se présente.

« LE DEVIN : Arrêtez! ne touchez pas à la victime
PISTHÉTÉROS. Qui es-tu?
— Je suis un devin.
— Va te faire pendre.
— Malheureux! ne méprise pas les choses saintes.
Il y a un oracle de Bacis sur Néphélococcygie.
— Que n'en parlais-tu avant sa fondation?
— Le Dieu ne le permettrait pas.
— Vraiment!... Eh bien! Voyons l'oracle.
— « Entre Corinthe et Sycione,
Quand corneilles et loups viendront à s'allier...
Que d'abord à la terre on immole un bélier;
  Puis, que pour récompense on donne
  A celui qui viendra le premier
Annoncer de ma part ce que le ciel ordonne,
Habit neuf et complet, manteau, pourpoint, soulier,

— Ah! les souliers en sont aussi!
— Prends le livre et lis.

« Pour prix de sa bonne nouvelle
Qu'on lui verse un grand coup de vin ;
De la victime, dans sa main,
Qu'on mette la part la plus belle ! »

— Cela aussi !
— Prends le livre et lis.
— Ton oracle ne s'accorde guères avec un autre qu'Apollon m'a dicté :

« Lorsque le ventre à jeun, par de vains artifices,
Quelque saltimbanque effronté
Viendra troubler vos sacrifices,
Sans être par vous invité,
Prenez un bon paquet de gaules,
Cassez-le lui sur les épaules !... »

— Le citoyen veut plaisanter.
— Prends le livre et lis.

« Et s'il ne prend un autre ton,
Qu'on le chasse a coups de bâton. »

— Quoi cela y est aussi !
— Prends le livre et lis. Sors d'ici, misérable canaille, et va débiter tes oracles aux vieilles femmes. »
(*Les Oiseaux.*)

Aristophane peint l'homme qui vit de la superstition d'autrui. Platon a peint l'hypocrisie religieuse tout entière :

« Je serai scélérat et du fruit de mes crimes je ferai des sacrifices aux Dieux. Etant juste, je n'aurais rien à craindre des Dieux, mais je perdrais les avantages attachés à l'injustice; au lieu que je gagne à être injuste et que je n'ai rien à craindre des Dieux, si je joins à mes crimes des vœux et des prières.

« Mais je serai puni aux enfers, dira-t-on. Non pas ; il est des Dieux qu'on invoque pour les morts. Pour quelle raison m'attacherai-je donc à la justice plutôt qu'à l'injustice, puisque tout me réussira auprès des Dieux et des hommes pendant la vie et après la mort, pourvu que je couvre mes crimes des apparences de la vertu. » (*La République*.)

Il est avec le ciel des accommodements,

dit Tartufe.

Pourvu qu'on se confesse on a toujours sa grâce,

dit la Macette de Régnier.

Platon semble avoir deviné les confesseurs de Pascal.

Toujours donc, la ruse exploita la bonne foi, et l'hypocrisie la religion. Mais nulle religion n'y prête autant que celle qui remet au confesseur les clefs du paradis et au pape les foudres du ciel. C'est au moyen âge, en plein âge d'or du catholicisme, que le roman du Renard prend sa place.

L'épopée des *Niebelungen* chante la force bar-

bare et indépendante des Germains, qui doit vaincre l'armée civilisée de la Rome des Césars; le *Roman du Renard* met le génie démocratique de la vie civile en face du pouvoir spirituel de la Rome de papes.

Le pouvoir spirituel! les écrivains catholiques ne manquent jamais de faire ressortir son influence et sa grandeur. Ils montrent, d'un côté, le monde avec ses passions, avec ses armées, avec ses empereurs; de l'autre, un vieillard, seul, sans autre arme que sa bénédiction qu'il donne ou refuse au nom de la justice, de la liberté, de la vertu; et, au geste de ce vieillard, le monde et ses maîtres, les peuples et les légions s'inclinent, domptés ou touchés par ce pouvoir moral plus fort que le glaive des héros. Quel beau thème pour un de Maistre ou un Veuillot! Rôle sublime, en effet, s'il était vrai, moral, humain! La réalité dissipe ce pieux mirage; l'histoire détruit ce mystique château de cartes. La vie spirituelle et morale est la plus noble prérogative de l'homme; s'il est quelque chose en nous qui mérite le nom de divin, c'est l'intelligence dans sa double fonction de certitude : la raison qui cherche le vrai et s'y attache, la conscience qui sent le bien et s'y conforme. Mais pour peu qu'on s'étudie et se consulte, on sent que cette force intérieure ne relève que d'elle-même, ne connait d'autre pouvoir que la conviction, d'autre guide que sa lumière. La vérité ne s'impose pas comme un Senatus-consulte; la justice ne se décrète pas comme un saint canon. Ni prière, ni violence, ne peuvent forcer un homme à prendre pour le bien et pour le vrai ce que sa conscience sent être le mal, ce que sa raison déclare être le faux. L'essence indestructible, inviolable, éternelle de l'âme humaine, c'est la liberté ! D'un autre côté, l'homme ne possède pas la vérité absolue et générale, ses instruments de certitude sont perfectibles comme lui-même, et l'on comprend bientôt que, si la raison et la conscience sont libres de leur nature intime, elles doivent l'être aussi dans leurs manifestations extérieures, pour pouvoir se développer, chercher et trouver de mieux en mieux la science et la justice. La vraie philosophie part donc de l'esprit humain : JE PENSE, JE SUIS ! de son indépendance naturelle, de sa puissance unique de conviction, de sa perfectibilité indéfinie, et le principe de liberté fait, du développement intellectuel et moral, le prophète éternel et l'éternel sauveur du monde.

Le principe de l'autorité ne l'entend pas ainsi. L'autorité sait tout; elle possède la vérité absolue, infinie, révélée, éternelle; elle a son Dieu; elle connait l'origine et la fin des choses; elle distingue le bien et le mal; elle est dans les secrets de la Providence et le ministre de ses desseins. La raison est vaine, la conscience est faillible; l'homme doit tout demander à Dieu et à son représentant sur la terre : l'autorité constituée! Qu'est-ce que la liberté, la science, le progrès lui apprendront de mieux jamais? Dès lors, du moment où l'on accepte le principe divin, du moment où l'on place la certitude en dehors de l'homme, devant quel moyen reculerait-on pour réaliser la loi suprême, pour imposer aux hommes les desseins du Dieu absolu ? Il faut penser et agir comme Hildebrand et Philippe II. Voilà les vrais chrétiens, convaincus et conséquents! Que devient la conscience sous ce régime ? L'autorité la remplace par un livre saint. Et la morale? Elle est écrite, c'est le Code pénal de la théocratie, dicté par les intérêts des défenseurs de la Foi. Alors, de deux choses l'une : ou les ministres de l'autorité seront maîtres absolus, et ils feront de la société une caserne mystique : voyez l'établissement des Jésuites au Paraguay; ou ils devront compter avec le monde, composer avec la nature, ménager l'influence du Dieu, alors ils auront des faveurs, des tolérances, des partialités, des complicités sans nombre. Quand la morale est la loi d'un maître et non la voix de la conscience, il est avec elle des accommodements. Tout à l'heure Torquemada, maintenant Escobar! Mais chez Escobar comme chez Torquemada, la philosophie est la négation de la raison et de la science; la morale, la négation de la conscience et de la liberté; la politique, l'oppression et la mort des peuples. Ce qu'il y a de divin dans l'homme! voilà ce qu'en fait le *pouvoir spirituel !*

Le pouvoir intellectuel et moral ! Je le connais, je le vois commander le respect au monde ! Mais c'est toujours contre le pouvoir spirituel régnant. C'est Christ pardonnant à ses ennemis, les prêtres. C'est Jordan Bruno, disant à ses juges : Vous tremblez en portant la sentence plus que je ne tremblerai en la subissant. C'est Vanini se laissant brûler la langue plutôt que de parler contre la vérité. C'est Jean Huss jetant du haut du bûcher une parole que recueillera Luther. C'est le chevalier de la Barre léguant à Voltaire la défense de la liberté de conscience. Ce sont les hommes de notre siècle qui s'inquiètent des signes de décadence, qui veulent remplacer une religion de ténèbres par la philosophie de la raison, et qui ont vu leur tête mise à prix, ou sont en prison ou en exil.

Mais ce vieillard, successeur des amants des Théodora et des Marosie, prédécesseur des Borgia, ce vieillard, plus soldat que prêtre, plus tyran que pontife, plutôt loup et renard que pasteur! on le dit juste : il décrète la justice et il vise à l'oppression ; il parle de foudroyer les vices des rois : il veut surtout usurper leur puissance. Ils seront ses vassaux, alors tout leur sera permis ; qu'ils soient indépendants, et toutes leurs vertus deviennent des crimes. On le dit seul, et il a avec lui la moitié du monde qu'il pousse contre l'autre ; il a avec lui les renards affamés d'or et les lions altérés de sang ; il a pour lui tous les abus et toutes les ruses ; il a pour lui l'aventurier qui rêve un trône, l'usurpateur qui veut faire sacrer son crime, le Constantin qui croit acheter le silence du remords, le grand Louis qui veut expier l'inceste et l'adultère ; il a pour lui le parjure et la tyrannie, l'exploitation de Dieu et des hommes, la trahison jetée dans les familles et, souvenez-vous de l'empereur Henri IV, il a pour lui jusqu'au parricide ! Ah ! ne confondons jamais la force de la raison et de la conscience avec sa parodie la plus sacrilège !

Honneur suprême, hommage forcé rendu à la conscience libre : chaque fois qu'une des causes de la lutte est juste, les deux antagonistes cherchent leur force dans le peuple. Les couvents étaient plongés dans le vice et la vénalité. Rome était corrompue. — L'Église est un lieu de prostitution, dit l'archevêque Dunstan ; une Gomorrhe, dit le cardinal Damiens ; un troupeau d'Épicure, dit le pape Benoît VIII [1]. — Chacun voulait jouir des richesses de l'an mil, le clergé par le vice, la papauté par la domination ; mais les vices étaient portés à un tel excès qu'ils compromettaient l'autorité. A qui en appellent les papes ? au sentiment moral du peuple. Et le peuple les aide dans une réforme réputée impossible et réellement impossible sans lui. En vain la luxure et la simonie font rage ; en vain les conciles résistent jusqu'à l'assassinat des représentants de Rome. L'opinion populaire est avec le pape, et les réformes sont acceptées. Les rois et les empereurs, à leur tour, poussés à bout par les prétentions de l'Église, parlent au peuple de liberté ; le peuple vient à la rescousse et conjure les foudres de Rome, aussi impuissantes contre lui que fortes

---

[1] Concilium Ticinense, année 1020.

de son adhésion. Ces appels ne manquaient pas d'un certain danger pour le double despotisme ; mais cette force morale était la seule ; il fallait abandonner la lutte, succomber, ou s'en servir.

Le peuple dans cette lutte apporta son génie. C'est alors qu'une petite fable imitée d'Ésope ou de Bidpaï, un petit poème caustique de moine désœuvré, une moralité narquoise d'un juif converti, grandit, s'aiguise au cœur de la démocratie, et devient l'Iliade satirique du moyen âge. On réclamait la voix du peuple ; cette voix, c'est le sifflet ; il lui donna la force de l'épopée. L'esprit qu'on appellera rabelaisien, voltairien, gaulois, français, c'est l'esprit du peuple, l'arme du faible, la vengeance des petits. Tel est le *Roman du Renard* et sa place dans l'histoire. A le considérer comme œuvre littéraire, c'est un chef-d'œuvre de comédie de mœurs. Mais ce serait ne le connaître qu'à demi que d'oublier son rôle historique.

On s'étonnerait à bon droit qu'une satire ayant cette portée eût été possible dans un siècle de répression aussi violente, si l'on ne savait que les divers partis avaient besoin du peuple et s'appuyaient tour à tour sur lui. Philippe le Bel s'amusait fort aux processions du clergé de Paris, où l'on menait un renard en surplis et en tiare, croquant des poules sur sa route : le roi se moquait du pape. Plus tard, Louis XII fit aussi jouer, sur la scène, son dévot ennemi. L'opposition du clergé séculier contre les moines, surtout contre les ordres mendiants, entretint cet esprit de satire et explique bien des licences. Des prêtres entrent dans le concert de railleries : l'auteur de *Reinardus Vulpes* n'a aucun égard pour le prince, ni pour la religion; ses dernières scènes sont une parodie de la messe, étonnante d'audace : on sent qu'il est clerc; c'est un bénédictin de Gand. — « N'aies mie de mentir honte, » dit Renard dans la vingt-huitième branche de l'édition Méon : c'est un prêtre de la Croix-en-Brie qui fait parler un moine et qui le fera bientôt jouer par le vilain et par l'âne. Gauthier de Coinsy reproche aux prêtres de faire peindre bien moins l'image de la Vierge dans leurs « moustiers » que, dans leurs maisons, le sujet le plus scabreux du roman : « Isengrin et sa fame. » Les gravures anciennes habillent Renard en moine et l'âne en prêtre. Les Missels mêmes entourent les textes saints d'arabesques représentant les scènes du Renard qui parodient le culte [1]. Bientôt la fable envahit

---

[1] Dans le *Missale Ambianensis*, bibliothèque de La Haye, n° 48 (XIV° siècle), « on aperçoit des loups et des repards

les palais et les cathédrales, ces « catéchismes sculptés; » monte aux chapiteaux, se pend aux gargouilles, se glisse dans les jubés, sous les chaires, et ricane jusque sous les stalles des abbés. Sous la chaire de Pforzheim, un renard porte une volaille dans son capuchon de moine et épie toute une basse-cour, occupée à écouter pieusement un sermon ; sur les stalles de Salignac et de Saint-Léonard, on voit des moines-Midas, aux oreilles d'ânes, et des Renards enfroqués, prêchant des dindons. Sur le principal portail de l'église de Brandebourg, ce sont des oies, sur les stalles d'Amiens, des poules, que Renard-moine endoctrine. Les stalles de l'église d'East-Brent montrent Renard pendu par une oie, puis en abbé, mitre en tête et crosse en main. A Strasbourg, sur les chapiteaux des grands piliers de la cathédrale, les bas-reliefs représentent, entre autres choses : « Une procession en laquelle un pourceau emporte le benestier, avec l'eau bénite, et force pourceaux

---

déguisés en moines, chantant au lutrin, et dans un endroit est un lion, couronne en tête (*Messire noble* le lion, du roman du Renard), assis sur un trépied élevé, tenant dans ses mains une bandelette sur laquelle on lit : *Palardie, orgueil, envie*. Un carme et un dominicain, sous la figure d'un loup et d'un renard, se portent au-devant de lui. » (Jubinal, *Lettre à M. de Salvandy*.)

et asnes suivant en habits sacerdotaux. On y
voit aussi un asne qui assiste à l'autel comme
s'il allait consacrer; et un autre emportant une
châsse de reliques dans laquelle est un Renard,
et tout l'attirail de la procession porté par des
singes... On voit encore sur le pupitre, une
religieuse ayant des souliers de fer, taillée dans
le bois et couchée de son long, et un moine
couché près d'elle avec son Bréviaire ouvert
devant lui, qui lui met la main sous la jupe [1]. »
— « Tout cela, dit l'auteur, paraît avoir été
fait par le Clergé séculier, en haine des moines. »
— « Le loup est moine et Renard prêtre, » dit
Reinardus Vulpes, en intervertissant les rôles [2].

---

[1] Burnet, Voyages en Suisse, ait en 1685 et 1686.

[2] Les moines mendiants sont surtout en butte aux attaques des poëtes. Le *Speculum stultorum* résume en deux vers tout le système de la mendicité :

« Pauperis ut, sine re, nomen habere queant.
— Ne quid eis desit spreverunt omnia... »

Rutebœuf dit :
  Car se Renard ceint une corde
  Et vest une cotele grise,
  N'en est pas sa vie moins orde.
     (*Descorde de l'université*.)

Le *Roman de la Rose* emporte la pièce :
   AMOUR.
  Tu sembles être un saint Hermite,

« A l'époque même où on sculptait les stalles (d'Amiens), le chanoine Pierre Genest, se disant subdélégué du pape Léon X, annonçait à Amiens la croisade contre les Turcs et s'attirait, par ses criantes exactions, l'indignation du clergé et du peuple; qu'y aurait-il de

FAUX SEMBLANT.

C'est voir, mais je suis hypocrite.
— Et si vas preschant pénitance.
— C'est voir, mais je remplis ma panse.
— Tu vas preschant la povreté.
— Voire, et je suis riche à planté.

—

J'entends ces faux religieux...
Qui se font povres mais qui vivent
De bons morceaux délicieux
Et boivent les vins précieux ;
Et la povreté vont preschant
Et les grand richesses pêchant.

—

Et toujours povres nos faignons ;
Mais, comment que nous nous plaignons,
Nous sommes, ce vous fais savoir,
Cil qui tout ont sans rien avoir.

—

Et voloit que je renoiasse
Mendicité, et laborasse,
Se je n'avoie de quoi vivre ;
Bien me voloit tenir por ivre
Car laborer ne me peut plaire.
De laborer n'ai-je que faire ;
Trop a grand peine en laborer.
J'aim mieux devant les gens orer (prier)
Et affubler ma renardie
Du manteau de papelardie.

surprenant que les conducteurs de l'œuvre aient livré cet homme méprisable à la vengeance du ciseau de l'entailleur? En ce cas, notre renard-prédicateur offrirait un intérêt de plus... on le nommerait : PIERRE GENEST[1]. »

Une fois armé du fouet, le peuple frappa tous ses ennemis. Le clergé est attaqué au gré du pape, le pape au gré des princes, les princes au gré des prêtres; ou plutôt, c'est à sa manière à lui qu'il fait la guerre et pour son propre compte qu'il flagelle. Ses ennemis ont tous les vices ; ils les satisfont en exploitant les vices des grands et les faiblesses des petits; par quels moyens ? par la force ou par la ruse. Voilà ce que nous montre en action le roman populaire. C'est l'éternelle histoire de l'humanité, du jour

---

[1] *Histoire et description des Stalles de la cathédrale d'Amiens*, par MM. les abbés Duval et Jourdain. (*Mémoires de la Société des antiquaires de Picardie*, t. VII.)
Bien avant ce temps, le nom de l'animal rusé servait à baptiser les fautes du clergé. Au vi° siècle, Gennebaut, ayant quitté sa femme pour entrer en religion, était devenu l'évêque de Laon. Son haut rang lui donna trop de confiance, il revit sa femme, « céda au démon, » et en eut deux enfants. Il nomma son fils *latro* (ce fut le 2° évêque de Laon), et sa fille *vulpecula*, « comme engendrée par la fraude et la ruse. » (Frodoard, *Hist. de l'église de Rheims*, I, 14.)

où elle a couronné un soldat heureux et s'est agenouillée devant une idole.

Les détails en sont profonds et fins comme il convient à la comédie.

C'est un jour de Pentecôte, le jour des champs de mai ; le Roi tient sa cour plénière ; tous les animaux sont venus à la fête, excepté le goupil, maître Renard, dont la conscience n'est pas nette. Ses ennemis profitent de son absence pour l'accuser, et avant de le faire entrer en scène, le poète va nous le faire voir sous plus d'un aspect. Les plaintes du loup et du chien nous montrent déjà le dévot personnage qui se joue des reliques, qui vit aux dépens d'autrui, et qui admire dans la femme de son voisin « l'auteur de la nature ». Le chat défend son parent ; le castor réplique et voici un autre trait du saint homme qui se voue à l'éducation, pour tenir le peuple sous sa griffe :

« Reineke joua le dévot et s'offrit à lui enseigner rapidement tous les chants d'église et tout ce que doit savoir un sacristain; ils s'assirent en face l'un de l'autre et commencèrent le *Credo*. Mais Reineke ne pouvait pas renoncer à ses anciennes pratiques : au milieu de la paix proclamée par notre roi et malgré son sauf-conduit, il tint Lampe (les romans flamand et gaulois nomment le lièvre Couard) serré dans ses griffes... ; lorsque j'arrivai près d'eux..... il tenait

Lampe par le collet, et certes il lui eût ôté la vie, si par bonheur, je n'étais pas allé par là[1]. »

C'est au tour du blaireau à défendre son ami, et l'esprit rabelaisien apparaît : « De quoi se plaint le loup ? »

« Il y a sept années révolues, mon oncle a donné son amour à la belle Girmonde (Hersinde en flamand.)... et qu'y a-t-il à ajouter ; elle ne s'en est jamais plainte ; elle s'en trouve même très bien : mais lui, quelle figure fait-il ? S'il était sage, il se tairait sur ce chapitre, qui ne peut lui rapporter que de la honte. »

Dans la branche gauloise, c'est le roi qui parle la langue de Rabelais :

> Ysengrin, lessiez ce ester;
> Vos n'i porriez riens conquester
> A ramentevoir vostre honte.
> Musart sont li Roi et li Conte,
> Et cil qui tiennent les granz Cors
> Deviennent cop, hui et li jors.
> Onques de si petit domage
> Ne vi-ge fere si grand rage;
> Tele est cele ovre à escient
> Que li parlers n'i vaut noient.

---

[1] Je me sers de la traduction de Gœthe, faite par M. Grenier. On pourra voir par là combien le *Reineke Fuchs* ressemble au *Reinart de Vos*.

Mais signons-nous, voici Tartufe :

« Depuis que la paix du roi a été proclamée, personne ne l'observe comme lui. Il a changé sa vie, ne mange qu'une fois par jour, vit comme un ermite, se mortifie, porte une haire sur la peau et se prive depuis longtemps de viande et de gibier, comme me le racontait encore hier quelqu'un qui venait de le voir. Il a quitté Malpertuis son château-fort ; il se bâtit un ermitage pour y demeurer. Vous verrez vous-même comme il est maigre et pâle par suite de l'abstinence et des autres pénitences que son repentir lui a imposées. »

On n'attend que sa mort pour la canoniser,

— dit Regnier, de Macette au moment où elle va essayer de corrompre une jeune fille. Voyons ce que va faire Renard :

« Lorsque Grimbert eut fini, parut Henning (Chanteclair) le coq, entouré de toute sa famille, au grand étonnement de l'assemblée. Sur une bière en deuil, derrière lui, on portait une poule sans tête. C'était Gratte-pied (Coppe), la meilleures des couveuses. Hélas ! son sang coulait et c'était Reineke qui l'avait répandu. »

Chanteclair mène le deuil et porte sa plainte devant le lion :

« ..... Il m'apprit qu'il était devenu ermite, et qu'il avait fait vœu d'expier des péchés dont il con-

fessait l'énormité. Personne ne devait donc plus se
défier de lui; il avait promis devant Dieu de ne plus
manger de viande. Il me fit examiner son froc, toucher son scapulaire. Il me montra, de plus, un certificat donné par le prieur et, pour m'inspirer plus
de confiance encore, la haire qu'il portait sous son
froc. Puis il partit en disant : « Que la bénédiction
du ciel soit avec vous! il me reste encore beaucoup
à faire aujourd'hui ; j'ai encore à lire *None* et *Vêpres*.
« Il lisait en marchant. Mais il ne pensait qu'au mal,
il méditait notre perte..... » —

Laurent, serrez ma haire avec ma discipline!

Mais Willem est trop près de Molière.
Écoutez la « conception originale, dégagée de
ses immondices » :

« Et moi, seigneur Canteclair, me dit Trigaudin
d'une voix posée, je suis bien changé. Pour rien au
monde je ne voudrais aujourd'hui causer le moindre
chagrin à personne. Ne craignez aucun piège de ma
part. Je m'en vais voyager, autant *pour m'instruire*
que pour faire oublier les torts de ma jeunesse; et
de ce moment, *je prends congé de tous.* » En achevant
ces mots, il s'éloigna. Mais il n'avait disparu que
pour se blottir derrière une haie [1].

La poule est mise en terre sainte, et l'on va
juger Renard. Le Roi se décide à le sommer de
comparaître en justice. L'ours Brun est choisi

[1] Édit. de Malines, p. 20. Édit. de Paris, p. 282.

pour ambassadeur. Après l'afféterie du petit chien qui parle *le beau français*, après l'aveugle passion du loup, voici un nouveau caractère, la suffisance de la sottise, qui entre en scène avec l'ours.

Cette fois Renard est connu; il va agir. Pour satisfaire tous ses vices, il va exploiter tous les vices d'autrui. Gourmand, il croquera coqs, chapons et poulettes et volera de toutes mains, et il prendra ses ennemis par leur gourmandise pour leur échapper ou s'en venger. Luxurieux, il séduira la louve, certain de s'exposer bien moins au blâme que d'exposer le loup aux railleries d'une cour débauchée, et il se servira d'un amour adultère du Roi pour lui voler la léoparde. Avide de richesses, il pillera tout le monde, par la flatterie ou par la ruse, et il se sauvera de la potence en alléchant la cupidité du Roi et de la Reine. Vindicatif, il satisfera sa rancune de prêtre sur tous ses ennemis par mille tours sanglants, et il déjouera toutes leurs vengeances, en exploitant l'un ou l'autre de leurs faibles. Ignorant mais habile, il se jouera de l'ignorance de chacun, et il se tirera de plus d'un mauvais pas, par un faux apparat de science. Orgueilleux, il parlera avec hauteur, avec menaces au lion lui-même, le bravera en face, soutiendra un siége contre lui, mutilera ses ambassadeurs, tentera de lui ravir sa couronne, et il tournera l'orgueil du Roi et de son fils à son propre salut et à sa propre gloire. Impie, il se fera de la religion un masque pour tromper ceux dont elle est le faible, et, des pratiques superstitieuses, autant de piéges tendus à la crédulité des bonnes gens; et il ne s'arrêtera qu'il ne soit arrivé au faîte de la fortune et de l'impunité.

On a vu dans Renard la personnification de l'intelligence humaine, de l'esprit populaire, se vengeant ou se raillant des abus et des vices. C'est une erreur. Ce qui fait la grandeur de cette comédie de mœurs, c'est que chaque personnage est un caractère, ridicule ou odieux : la violence, l'orgueil, la ruse, la sottise, la poltronnerie, etc., si bien qu'en général, sauf les petits et les faibles, tous ceux que Renard joue sont bien joués. Mais, au-dessus de ces détails de la vie, de ces petits portraits des sept péchés capitaux, de ces tableaux de genre la plupart tracés de main de maître, apparaît la grande figure qui personnifie l'ensemble des mauvais instincts, les élève à la plus haute puissance et les synthétise dans un type immortel.

L'ours est la première victime de sa gourmandise. Il suffit à Renard de lui offrir du miel, pour le pousser dans un piège affreux. Le malheureux ne peut éviter la mort, qu'en y laissant la peau de sa tête et de ses pieds de devant. Renard le trouve dans cet état et le raille :

« Dites-moi donc, mon oncle, à quel ordre de religieux vous êtes-vous affilié, puisque vous portez maintenant une calotte rouge sur la tête ? Êtes-vous donc devenu abbé ? Le barbier qui a rasé votre tonsure a un peu coupé les oreilles ; je le vois bien, vous avez perdu le toupet, la peau du visage et vos gants ; où diable les avez-vous laissés[1] ? »

Où trouver plus mordante ironie ? On remarquera que la forme comme le fonds est toujours emprunté de préférence au culte. Est-il besoin de dire que le Renard de l'archevêque de Malines et de l'évêque de Châlons, a « déblayé toutes ces grossièretés ; » mais comment a-t-il donc pu remplacer d'aussi piquants sarcasmes ?

« Il (Trigaudin-le-renard) se mit à railler sa victime : « Qu'avez-vous donc, mon cher Gros-Brun ?

[1]
De quel ordre volez-vos estu ?
Qui roge chaperon avez ?

(Méon, 20ᵉ branche.)

Un troubadour du XIIᵉ siècle, Pierre de Busignac, fait allusion à cette scène : quand Renard fit écorcher Isengrin et pour s'en moquer lui donna chapeau et gants.

dit-il ; est-ce qu'on aurait voulu vous faire payer le miel trop cher, que vous vous êtes échappé comme un voleur[1] ? »

Voilà bien la conception originale « dans toute sa verdeur naïve, » et les « honnêtes détails » substitués au scandale !

Lorsque les paysans viennent attaquer l'ours, l'auteur met une première fois en scène le curé ; il entre dans la carrière, armé de la hampe de la croix, et sa femme Julocke le suit, brandissant sa quenouille. Le roman gaulois dit : sa concubine, le mot est plus grossier, et reproche au prêtre sa mauvaise vie, dont « toute la ville se plaignait ». Le poète flamand dit bonnement : sa femme, et Baldwinus qui le traduit dit : *Presbyter* et *Uxor*. Henri de Glischesære dit de même : *Wipp*, et il nomme le prêtre un saint homme. Avant eux, le bénédictin, auteur de *Reinardus Vulpes*, avait mis en scène le curé et sa femme qu'il avait nommée Albrada, et le *Speculum Stultorum* parle aussi des enfants d'un curé, *Natos propriâ de conjuge*. Au xiie siècle, bon nombre de prêtres étaient encore mariés et

---

[1] Malines, p. 29. Paris, p. 190.

ils commençaient même à laisser leurs charges ecclésiastiques à leurs enfants. Renard, édité par lui-même, est du xixe siècle ; il fait du prêtre, un fermier !

La femme du curé le suit donc ; quand l'ours s'échappe, il saute au milieu d'un groupe de femmes et les fait rouler avec lui dans la rivière, et le poète atteint au plus haut comique lorsqu'il fait crier au prêtre :

« Je promets deux tonneaux de vin et indulgence plénière pour récompense à qui la sauvera ! »

Dans le *Reinardus Vulpes*, Renard vole un coq au curé pendant la messe ; le prêtre quitte l'autel et le poursuit. Plus tard, dans le *Reinart de Vos*, quand le chat, nouvel ambassadeur, sera pris aussi par sa gourmandise, ce sera dans la grange du curé, par son fils Martinet, et Tibert, en s'échappant, mutilera le prêtre, au grand désespoir de sa femme, au grand plaisir de dom Renard qui la consolera, avec une verve digne de Panurge.

Chez les païens, le prêtre n'était qu'un magistrat temporaire ; dans les agapes chrétiennes, c'était le vieillard, et les anciens de la communauté vivaient du travail et non de l'autel. De nos jours, dans plusieurs sectes protestantes, le

pasteur refuse tout salaire et tout budget.
L'Église catholique, rêvant une forte organisation de l'autorité spirituelle, eut à opter entre la caste héréditaire et le célibat. Grégoire VII connaissait le génie moderne; la caste sacerdotale aurait perdu l'Église au lieu de lui assurer la domination; Hildebrand le comprit. Malgré les prêtres, malgré les évêques qui emprisonnaient ses légats, dispersaient les conciles et allèrent jusqu'à le déposer en le calomniant, Hildebrand poursuivit la réforme des mœurs du clergé. Il en appela à la conscience du peuple et lui apprit à résister au clergé. Le peuple mit au pilori les vices du prêtre.

Mais voici bien une autre scène; le troisième ambassadeur est un ami : Renard va se confesser. Sa confession n'est qu'une suite de récits de tours nouveaux joués au loup. La curiosité lascive, les interrogatoires scabreux de certains confesseurs et l'indulgence des bons pères entre eux, y sont peints à la façon du poète et, l'absolution donnée, on ne tarde pas à voir opérer la grâce; Renard s'élève au sublime de l'hypocrisie dans sa réponse à Grimbert, qui lui reproche de lorgner encore les poules :

« Vous avez tort, mon neveu ! Ne vous pressez pas tant, et ne troublez pas mes prières. Laissez-moi dire un *Pater noster* pour l'âme des poulets et des oies que j'ai volés en si grand nombre à ces saintes femmes de nonnes ! »

Écoutez l'édition de « la Sacrée Congrégation de la propagande et de la librairie des livres liturgiques ». De confession, pas un mot :

« Ah ! mon oncle, dit le Blaireau consterné, est-ce ainsi que vous êtes corrigé ?
— Je n'y pensais pas, dit Renard.
— Voilà l'effet des mauvaises habitudes[1]. »

Après ces *déblaiements*, nous pouvons laisser les ouailles de Trigaudin s'étonner que le roman ne réponde pas au vacarme que nous en faisons.

On retrouve plusieurs fois la scène de la confession dans ce cycle satirique ; l'une d'elles est plus hardie ; c'est l'histoire du Renard qui mange son confesseur. Le héros confesse ses adultères au milan, qui l'excuse et lui fait un sermon contre son mauvais goût et sa fidélité : la louve est horrible, elle n'est plus jeune ; pourquoi ne pas butiner partout et choisir entre les jeunes

[1] Malines, p. 51. Paris, p. 209.

et les belles ? Là-dessus le confesseur fait, du libertinage, un éloge dans le genre obscène qui caractérise trop souvent les branches gauloises. Renard saisit ce moment d'éloquence pour avouer au milan que c'est lui qui a croqué ses petits ; alors la scène change : la large manche s'emplit de foudres ; le confesseur obscène n'a pas assez d'imprécations contre le criminel, qui s'irrite et le croque à son tour.

Un des petites poëmes latins, le *Pœnitentiarius*, avait mis aussi en scène l'indulgence des bons pères entre eux : le Loup et Renard se confessent, l'un à l'autre, toute sorte de mauvais tours, de meurtres et de larcins, que le confesseur non seulement absout, mais justifie. Vient le tour de l'âne, l'âne ici c'est le peuple profane ; au premier aveu, l'ours l'interrompt : *Videte sacrilegum !* et le poëme finit comme la fable par le *Haro sur le baudet !* Mais le poëte ajoute un trait qui manque à La Fontaine : le loup *quelque peu clerc* prouve que l'âne mérite la mort, puis, en bon confesseur, il engage la victime à supporter patiemment la peine de son crime, et dore la pilule du martyre :

Si patiens fueris, martyre major eris.

Guillaume de Haudent a imité le *Pœnitentia-*

rius[1] et F. Habert a refait cette fable[2]. L'âne s'accuse d'avoir mangé la paille qui se trouvait dans les sabots de son maître, laissés par lui à la porte d'un cabaret : Quel crime! s'écrie le loup.

> Et si le pied eût été là dedans,
> La tendre chair eût été dévorée.

———

On remarque de nombreux mots latins dans les diverses branches gauloises et germaniques du Renard, et quel latin ! C'est une parodie nouvelle. L'ignorance des prêtres était grande depuis longtemps. Au dire d'un Pape lui-même, ils baptisaient *in nomine patris et filia et spiritua sancta*[3]. Le cardinal Damiens rapporte qu'au xe siècle ils ne savaient pas lire, et Ratherius, un Belge qui fut évêque de Vérone, trouva qu'un grand nombre de ceux de son diocèse ne savaient pas le *Credo*.

Renard reste peintre fidèle : *Confiteor tibi pater... et mater,* dit-il en raillant. Quand le roi lui reproche la tonsure de l'ours : *In nomine patrum, Christum, fili !* s'écrie-t-il, et plus tard

---

[1] *Les propos fabuleux moralisés,* etc. Lyon 1855.
[2] *Annales poétiques.*
[3] VIIIe siècle.

quand il vole au curé son rôt, le curé crie : *Ah!
sancta spiritus!* La confession au père et à la
mère, le Christ neutre, le père au pluriel, le
Saint-Esprit femelle! Voilà les traits qui ont fait
rire nos pères, clercs ou laïcs.

———

Revenons à notre héros. Condamné à être
pendu, un faible du roi va le sauver. Renard
calomnie son père pour tromper le Lion, en
flattant son amour de l'or, et pour se venger de
ses ennemis.

Noble, alléché, croit à tout et Renard est
sauvé ; il ira en pélerinage à Rome avec le lièvre
et le bélier. Aussitôt à l'abri, son impudence
éclate au grand jour, il brave le roi, mais il est
en sûreté.

Là s'arrête la première partie du *Reinart de
Vos*, évidemment inachevée. Henri d'Alkmar
remplace cette dernière scène par la guérison du
roi qui sert de vengeance au Renard contre ses
accusateurs ; la 20° branche gauloise fait marcher aussitôt le lion à l'assaut de Mautpertuis.
Nous verrons bientôt l'une et l'autre aventure.
La seconde partie flamande reproduit la mise
en scène de la première : cour plénière, accusations, fables en récits, confession, comparution

du héros. Renard, après de longs discours, en appelle au jugement de Dieu, provoque le loup en combat singulier; il en sort vainqueur et rentre en grâce; le poëte conclut avec tous ses confrères que la terre appartient à Renardie. *Amen !*

Telle est aussi la conclusion du *Couronnement de Renard* et de *Renart li Novel*. Là, d'autres vices sont exploités. Quand le loup s'était plaint de l'adultère de Renard, le blaireau, dans le poème flamand, le roi, dans la branche gauloise, lui avait répondu par des railleries : Pourquoi tant de bruit pour si peu de chose ? Renard va faire sentir au lion ce que vaut ce peu de chose. Il lui vole la léoparde, et le roi entre dans une telle colère qu'il assiége le traître dans son château fort.

On rencontre plusieurs siéges dans les diverses branches du roman. Dans l'œuvre de Willem, Renard en est menacé plus d'une fois, et on peut en inférer que le poëte réservait ce grand moyen pour la fin du poëme. La 20e branche, dont le sujet est le même, pousse plus loin les aventures et ouvre l'assaut, aussitôt après la bravade de Renard. Le siége dure six mois; Renard surprend le camp dans le sommeil, garrotte chefs et soldats et se livre à sa passion brutale sur la reine, sans être arrêté par le réveil du camp. Mais il a oublié de lier Tardif, le limaçon, qui délie les autres; Renard, pris, ne doit la vie qu'à la pitié de la reine, et à une forte rançon offerte par sa femme. Dans la première partie de l'œuvre de Giélée, Renard, ayant frappé le loup en trahison et tué son fils, toute la cour avait marché contre lui; un formidable recrutement qui montre sa force, et une soumission qui met cette force au service du roi, avaient sauvé Renard. Au second siége, le héros abandonne Mautpertuis, s'évade en mer sur un navire symbolique, mène trois amours à la fois, se venge de ces dames qui se sont montré ses lettres, attaque le navire du roi dans un combat naval terrible, se jette dans son château de Passe-Orgueil, soutient le siége, puis, songeant à la paix, met de son parti ses trois maîtresses et le fils du roi prisonnier qu'il a séduit par l'orgueil, se montre redoutable et conciliant, étale des troupes nombreuses, renvoie ses prisonniers, et risque enfin sa soumission, certain qu'elle sera acceptée. La paix est faite, Renard est au comble de la puissance. Il ne manque à Tartufe que l'apothéose.

Jacques Giélée ne la négligera pas.

« On fait excommunier Renard par l'âne : comme c'est ingénieux ! On l'établit grand-maître des templiers et des hospitaliers, portant d'un côté la barbe rase et de l'autre la barbe pleine, avec l'habit mi-parti. N'est-ce pas trivial ? Ce sont là les plus beaux traits de l'esprit que nous signalions. »

Ces paroles de la préface du Renard A. M. D. G. signalent à notre attention deux grandes scènes : l'excommunication et l'apothéose.

L'excommunication, c'est le glaive du pouvoir spirituel, le tonnerre des Jupiters nouveaux, des Grégoire VII, des Innocent III, des Boniface VIII. Il frappe d'abord les prêtres concubinaires, adultères, simoniaques. Puis, il se tourne contre les vices des rois. Erreur du moyen âge et du principe d'autorité, d'imposer la morale par la force, en empiétant, même au nom de la justice, sur le pouvoir temporel. Mais le glaive spirituel ne fait que s'aiguiser dans ces escarmouches ; bientôt c'est contre le pouvoir civil qu'il fait rage. Après avoir longtemps lutté pour l'indépendance de la vie spirituelle et morale, l'Église trahissait ce grand principe, en organisant la foi en autorité et en voulant lui assurer la domination temporelle et politique ; la résistance poussa cette erreur aux plus odieuses conséquences en théorie et en pratique. Donc, le roi sera le serf moral du pape, l'Église sera la tête de la féodalité, les princes à ses côtés et le peuple en dessous, ou bien rois et peuples seront excommuniés. Soumis à l'autorité morale, ou proscrits du giron catholique, il n'y a pas de milieu. Alors, dans cette lutte impossible, le glaive spirituel se traîne dans la fange et dans le sang, et s'avilit plus que la hache des Nérons et des Caligulas. Ses éclairs donnent le signal de la révolte du fils contre le père, de l'assassinat privé et des massacres publics. Un pape permet à chacun de tuer les excommuniés, un autre ordonne de déterrer leurs cadavres, un autre semble défendre à son Dieu même de leur pardonner dans le ciel. La morale qui veut se faire pouvoir, aboutit là ! Ce n'est pas tout, le glaive spirituel devient à vendre, on le donne à louage ; il se met, comme un mercenaire, au service des rois contre les peuples. Quand les barons anglais proclamèrent la grande charte des libertés britanniques, un pape se trouva pour les excommunier. Quand Guillaume de Normandie fut déclaré déchu du comté de Flandre, il rendit douze églises à l'évêque de Tournai, qui excommunia le pays rebelle (1128). Quand Baudouin de Constantinople rendit hommage de ses fiefs à Philippe-Auguste, le roi lui fit déclarer solennellement qu'il requérait les évêques du pays de l'excommunier, s'il manquait à ses devoirs de vassalité; Innocent III confirma cet engagement.

La Belgique fut bientôt victime de cette simonie des foudres catholiques.

« Que fit le roi de France pour lutter contre Baudouin? Las de combats et d'un caractère peu belliqueux, il eut recours à un moyen qui, grâce à l'habileté de ses successeurs, devait être dans leurs mains le plus terrible instrument de leurs vengeances. L'archevêque de Reims, oncle du roi et ministre complaisant de sa politique plutôt que prélat austère, s'était associé à ses projets et frappa d'interdit toute la Flandre : Baudouin lui en avait reconnu le droit lors de son fatal serment d'hommage à Compiègne. Qu'on se représente les terribles formules de l'excommunication, telle qu'elle existait au XIIe siècle, prononcée solennellement au milieu des églises où les cierges qui s'éteignent font place à une nuit profonde, qu'on se figure le clocher privé de sa croix où se fait l'appel quotidien à la prière, la nef abandonnée aux plaintes sinistres des oiseaux de la nuit, l'autel désert d'où le prêtre s'est hâté d'enlever les vases et les livres sacrés en même temps que l'anneau des fiançailles, et l'on comprendra aisément la désolation qui se répandit dans toute la Flandre. Dans plusieurs villes, le peuple employa la violence pour forcer les clercs à célébrer les divins mystères. Les uns éclataient en gémissements stériles ; les autres cherchaient dans l'hérésie une excuse et un prétexte pour leur désobéissance [1]. »

Le pape méditait alors des projets contre le roi de France et la Flandre fut sauvée. Mais vingt fois dans les XIIe, XIIIe et XIVe siècles, elle fut le jouet, souvent la victime, des mêmes attentats sacrés. Quand la force, la ruse, la trahison et le massacre ne réussissaient pas aux rois conquérants, le pape leur restait. Philippe le Bel avait aussi obtenu une bulle qui lui permettait d'interdire la Flandre. Il s'en servit après les défaites de Courtrai et de Mons en Puelle, et Charles le Bel s'en servit contre Jacques Pye, Philippe de Valois contre Zannekin et d'Artevelde.

La résistance ne manqua point. La lutte, commencée par une scène terrible, où l'on voit l'empereur Henri IV mendier un regard, pendant trois jours, à la porte de Grégoire VII, finit par une scène ridicule : un soufflet donné à Boniface VIII sur son siége, par un agent de la France. Nos provinces prirent une grande part à cette légitime défense de la société civile. Jacques Pye pose carrément la question : il se moque publiquement des foudres du roi de

---

[1] Kervyn, *Hist. de Flandre*, II, p. 120, etc.

Rome ; il affecte de ne plus entrer dans les églises, ses partisans abandonnent les sacrements et cessent de donner aux enfants le baptême, aux morts la terre sainte. Jacques Pyc fut assassiné. Zannekin résista les armes à la main, mais la bataille de Cassel fut gagnée par l'excommunication, dit un historien. D'Artevelde combattit et triompha ; le clergé était avec lui.

Le glaive spirituel fut partout vaincu ; il n'est pas brisé. Encore aujourd'hui les peuples ne peuvent secouer leurs servitudes, sans être condamnés au nom du Dieu des papes ; témoin la Pologne en 1832, les États romains en 1849, les Romagnes en 1858. Les libertés de 1789 ont été excommuniées, comme la Charte anglaise, et l'Encyclique de Grégoire XVI a jeté la réprobation sur les libertés de 1830. Que, quelque part, en Amérique ou en Piémont, on abolisse les dîmes : excommunication ! on établisse la justice séculière au détriment du pouvoir religieux : excommunication ! le mariage civil : excommunication ! et l'on ne peut toujours y répondre par un éclat de rire ; rappelez-vous le bombardement de Rome. Au XIIe siècle, c'était encore la guerre, la défaite, la ruine, le deuil, le massacre, la servitude.

Alors, au milieu de la mêlée, au milieu des

mandements des évêques, des bulles des papes, des répliques des rois, des réclamations du bas clergé, des protestations ou des gémissements des peuples ; au milieu du glas des cloches funèbres, des plaintes des victimes, des colères des rebelles, quel cri strident se fait entendre ? Est-ce le fouet de Juvénal qui siffle ? — Cette foudre qui fait trembler les rois, le peuple la parodie ! Que le Trigaudin orthodoxe trouve cela peu ingénieux ! Je trouve cela grand ! Je trouve grand ce rire des faibles qui brave en face le tonnerre des forts. Ecoutons ces passages, écoutons-les religieusement. La poésie en fut-elle aussi mauvaise qu'elle est de bon aloi, l'esprit en fût-il aussi grossier qu'il est fin, il faudrait encore respecter ce cri de la liberté. Mais l'art y est beau ; l'arme est bien aiguisée et bien ciselée ; elle tranche et brille. Que peut-on rêver de plus grand : le génie au service de la liberté !

Écoutons d'abord Jacques Giélée :

> Et lors l'Arceprestres Timer
> Prist par si haut à recaner,
> K'en tentist li mons et li vaus.
> Il ot cauciés ses estivaus,
> S'iert des armes Dieu reviestis ;
> Avoec lui ot deus de ses fis,

Cloke, candeille et benoitier
Orent pour escumeniier
Renart et tout ciaux de s'aïe.
Timers en haut l'escumenie
Et ses gens à cloke sounant,
Et s'eut avoec candeille argant;
Et quant fist le candeille estaindre,
Si dist pour plus Renart destraindre,
Por çou qu'iert en mauvais estat,
Amen, amen, fiat, fiat.
Timers li asnes s'en repaire,
C'autrement ne set assaut faire;
Et Renart en mocant s'escrie :
Ke serai-je? on m'escumenie;
Mengier ne porai de blanc pain
Sans talent, u se je n'ai faim,
Et mes pos boulir ne pora
Devant çou que fu sentira.
Cuidié m'ont faire mon damage,
Mais il m'ont fait grant avantage,
Car de pourir n'arai pooir,
Car jou ci dire pour voir,
Ains durra tous entirs mes cors
Tous jours puis que je serai mors.
Jamais jou ne voel estre assos,
Hués as sos, as sos, as sos!
Hué ont tout apriès Timer[1].

Quand la paix est faite, « Timers li anes rasost (absout, relève) Renard kil avoit eskemunié. »

[1] *Renard li nouel*, vers 6012-6114. (Méon, IV, p. 376.)

Au xvi**e** siècle, l'Église et le trône étaient d'accord, il y avait danger à ces satires; cette scène est retranchée de la traduction de Jean Tenessax.

Le poëme flamand a aussi son coup de sifflet, dans sa seconde partie. Renard se défend devant le Roi; il raconte comment il s'est plaint d'être excommunié, à son oncle, le singe Martin; celui-ci le rassure et la satire a plus de sel dans la bouche du clerc de l'évêque et en face du Roi :

« Ne vous laissez point abattre, mon neveu, et ne vous affligez pas ainsi. Je connais des gens puissants à Rome, et je m'entends à la besogne. Je m'appelle Martin, le clerc de l'évêque ; je ferai citer le proviseur à Rome. Je plaiderai contre lui, mon neveu ; je ferai valoir vos excuses, et je vous rapporterai une absolution, fût-ce même malgré lui.

« Je connais les détours à la cour, et ce qu'il faut y aire ou ne pas faire. J'y ai, de plus mon oncle Simon qui est puissant et haut placé. Il aime à aider les gens d'esprit. Il s'y trouve aussi d'autres de mes proches... Je prendrai avec moi une bonne somme d'argent pour le cas où j'en aurais besoin. Une prière est plus assurée du succès lorsqu'elle est accompagnée de présents. On gardera de l'argent en réserve, afin de pouvoir empêcher l'injustice [1].

---

[1] Denier fait la besogne à Rome,

dit une célèbre satire de l'époque intitulée : DANS DENIERS, (Dom Argent). (Ms. de Berne, Catalogue Sinner, et Jubinal, Jongl. et Trouv.)

« Neveu, fiez-vous à moi ; je pars demain de bonne heure, et je ne me reposerai point avant d'être arrivé à la cour du Pape. J'aurai soin de votre affaire. Vous, allez trouver le Roi sans perdre de temps ; je prends sur moi tous les péchés et tous les mauvais actes pour lesquels vous avez été banni ; je vous en tiens quitte.....

« S'il vous paraissait qu'on ne voulût pas vous rendre justice, faites-le-moi savoir, et que le messager marche nuit et jour. Je vous promets de faire mettre au ban du Pape tous les habitants du pays, hommes et femmes, même le Roi, et sous un interdit si sévère qu'on ne pourra plus enterrer les morts ni chanter pour eux dans les églises, ni prier pour eux, ni baptiser, ni donner le Saint-Sacrement, à moins que pleine justice ne soit rendue. Neveu, je m'engage à vous faire obtenir cela de suite. Le pape est vieux, de sorte qu'on fait peu de cas de lui, tout le pouvoir est entre les mains du cardinal de Valoite[1] qui est jeune et a d'illustres parents. A cette heure, il a une concubine qu'il aime, à ce qu'il paraît, par-dessus toute chose. Tout ce qu'elle désire de lui, elle ne l'obtient que trop légèrement ! Cette femme est ma nièce, et je suis si bien avec elle, qu'elle ne me refuse jamais rien..... (Traduct. de M. Oct. Delepierre)[2]. »

[1] De *valere*, comme qui dirait le cardinal *Argent*.

[2] L'excommunication du Ribaud, *Escomeniemenz au Hebdor*, est un fabliau célèbre du xiiie siècle. MS. Berne, n° 354, fol. 47 r°, et bibl. Richelieu, n° 7218, fol. 194 ;

J'escomment moine qui sone
Mais j'aim' celui qui... et done

Est-ce que je me trompe ou que je m'aveugle, quand je dis que cette poésie est digne du peuple et digne d'une cause immortelle? J'y vois l'âme de d'Artevelde parlant la langue d'Aristophane. « Aussi, l'écrivain est-il monté de la vassalité du trouvère à l'indépendance du poète ; » quand M. Nisard s'exprime ainsi, n'avais-je pas raison de dire qu'on croirait qu'il parle du *Roman du Renard?*

  Et va séoir sur une tonne
  Et dist : Traiez sor sete gonne...
  J'escommeni les useriers,
  Et les provost et les voiers;
  Vilain qui devient chevaliers...
  Jongleors qui n'est mençongers...
  J'escommeni à un seul mot
  Sage homme qui rescemble sot...
  Encor escommeni-ge plus
  Riche homme qui ferme son huis...
  Le plaidéor qui het l'argent...
  Et enfant qui n'aime sa mère...
  Tavernier a loïal mesure
  Et provost qui aime droiture...
  Qui eve (eau) boit à son mengier
  Por que il ait vin au celier...
  Or les escommeni tres tous
  Fors seul put... et lecheours
  Que Diex les mete a granz honors.
  Or assoudrai, quoi que nus die,
  Qui tient le hanap, se il pie (boit)
  Tant qu'il ait la teste étourdie.

Le Grand d'Aussy fait mention d'une poésie semblable en langue d'oc par un moine de Montaudon,

Elles sont grandes les œuvres littéraires qui sont en même temps des armes de civilisation et des monuments historiques. La *Satire Ménippée* est de ce nombre. *Tartufe* et les *Provinciales* résument la lutte de Port-Royal contre les Jésuites. *Renard* est digne de ce rôle. Une querelle semblable, de Louis XII contre le Pape, donna une première comédie aristophanesque à la France : c'est *le jeu de Mère Sotte*, par Pierre Gringore, un homme de génie aussi méconnu que Villem. Gringore avait pour devise : « Tout par raison, raison partout. » Il osa mettre en scène l'Église et le pape, et les appeler Mère Sotte et l'Homme Obstiné ; il osa leur opposer le Peuple français, le Peuple italien et la Commune !

C'est lui qui dit à l'Église :

> Vos Prelatz font ung tas de mynes
> Ainsi que moynes regulliers ;
> Mais souvent, dessoubz les courtines,
> Ont créatures femynines,
> En lieu d'heures et de psaultiers...
> L'Eglise a de maulvais pilliers.

C'est lui qui fait dire à l'Église même et à ses suppôts, Sotte Occasion et Sotte Fiance :

> Le temporel vueil acquerir,
> Et faire mon renom florir ;

Ah! brief, vela mon entreprise,
Je me dis Mère saincte Eglise...
Je mauditz, anatematise,
Mais soubz l'habit pour ma devise,
Porte l'habit de Mère Sotte.

. . . .
Je trouveray invention
De mutiner princes, prelatz...
Je promettray escus, ducatz.

. . . .
— On dit que n'avez point de honte
De rompre vostre foy promise...
Ingratitude vous surmonte,
De promesse ne tenez compte
Non plus que bourciers de Venise.

. . . .
— Aussi tost que je cesseray
D'estre perverse je mourray.

C'est lui qui fait dire à l'hypocrisie :

Devant les gens prier Dieu je me acquitte;
Mais en secret je fais plusieurs oultrages;
Feignant manger Crucifix et images,
Pense à mon cas, trompant maint homme et femme
Tout suis à Dieu, fors que le corps et l'âme.

Ecoutez aussi la Commune :

Les marchans et gens de mestier
N'ont plus rien : tout va à l'Eglise...
Enfin je paye toujours l'escot...
Je ne puis pas cecy comprendre
Que la mère son enfant tendre

Traicte ainsi rigoureusement,
— Pugnir la fault de son forfait ;
Car elle fut posée de fait
En sa chaire par Symonie.
Trop a fait de mutinerie
Entre les Princes et Prelatz.
— Et j'en suis, par Saincte Marie !.....
Ce n'est pas Mère Saincte Eglise
Qui nous fait guerre ; sans sainctise
Ce n'est que nostre Mère Sotte.

———

Le peuple ne s'oubliait pas lui-même. Le *Reinardus Vulpes* fait développer par le loup-moine les maximes de l'autocratie politique, et met en scène, avec une grande naïveté de satire, la complicité des deux despotismes. Le loup conseille au roi malade de manger, pour se guérir, le bélier et le bouc.

Le loup les haïssait, mais il cachait sa haine,
Pour garder du soupçon sa vengeance certaine.
Tous les seigneurs, dit-il, que je vois à la cour,
Je les aime et j'en suis payé d'un même amour.
Mais il est d'autres boucs, d'autres béliers au monde ;
S'ils réclament la paix de Dieu, qu'on les confonde!
Le ciel veut que chacun se voue au bien de tous.
La gloire de l'Etat périrait avec vous !
Vous respectez la paix, mais en voulez un gage.
Le bouc ou le lion, lequel vaut davantage?

Est-ce un crime, je suis prêtre et prends tout sur moi [1].
Le prêtre met l'utile au-dessus de la loi.
Une sage terreur suit un roi légitime,
Quand il sait à propos commettre un rare crime.
Un principe en vigueur soumet le droit au fait,
Et lorsqu'on le partage, on excuse un méfait.
Pour atteindre un grand bien, quoi ! craindre un mal
Mais souvent un vain lucre inspire un plus grand crime
Pour un blâme, combien d'excuses au délit !
L'un dira : Quelle horreur ! Mais l'autre : Quel profit !
Aux usages des cours que le roi s'abandonne ;
Tout doit vous redouter ; vous ne craignez personne.
La paix ! en temps pascal, je la violerais,
Si le droit violé servait mes intérêts,
Aux heureux criminels les honneurs, la ripaille !
Être amoureux du droit, c'est bon pour la canaille [2] !
L'intérêt du pouvoir fait et défait les droits ;
Celui qui fait les lois est au-dessus des lois.
Ce que vous ordonnez, n'oseriez-vous l'enfreindre ?
La loi, c'est son auteur qu'elle doit faire craindre.
Est-ce le fer qui tue ? Eh ! non ! c'est l'homme armé !
Le roi qui fait les lois n'en est pas opprimé.
Un roi juste aux manants, c'est un roi de la glèbe !
Les troupeaux paissent l'herbe et les princes la plèbe.
Si l'on craint d'être injuste, on aura souvent faim.
L'intérêt avant tout, voilà la règle enfin [3] !

En parlant ainsi cependant, le loup prépare

---

[1] « Si quid in hoc peccas, monachus feror atque sacerdos.
 « Peccati moles in mea colla cadat. » (V. 169, 170.)
[2] « Pauper et infamis juris amator erit. » (V. 184.)
[3] Édition Mone, ch. II, v. 159-196.

des armes contre lui. *Quod non Renardus adest!* Que Renard n'est-il ici! avaient crié les victimes[1]. Renard arrive; il vient de Salerne, dit-il; il en rapporte de savants avis pour la santé du Roi. Qu'il se couvre d'une peau de loup fraîchement écorché, sur-le-champ il sera guéri. Que répondre à cela? Isengrin a plaidé toutes les raisons, écarté tous les scrupules; il est pris à son propre piége.

L'*Isengrimus* avait déjà esquissé ces deux scènes :

— Non timuere patres et tu leo diceris esse.
— Et mala sunt facienda quibus pejora repellas;
  Utilitas stulto sæpè pudore perit.

Aucune des imitations postérieures ne donne ce discours du loup. La seconde partie flamande gâte cette scène en en faisant un récit. Henri de Glischesære, seul, en a tiré le parti qu'elle mérite; il en a fait son dénoûment : par cette cure merveilleuse, Renard rachète tous ses torts. Ce poète est aussi le seul qui donne une cause à la maladie du lion et ce trait complète le tableau : le Roi a écrasé une fourmilière qui lui refusait obéissance; la reine des fourmis lui est entrée

---

[1] *Isengrimus.* (Édit. Grimm.)

dans le cerveau, et l'y torture horriblement. Le petit se venge du despote : l'esprit populaire est déjà là.

Isengrimus et *Reinardus* sont du xe ou du xie siècle; les moines poëtes parlent sans grand danger. Au xiie, Pierre de Saint-Cloud est menacé du bûcher, comme albigeois; le chroniqueur qui rapporte ce fait met le trouvère au nombre des savants, *Quibusdam viris litteralis*, condamnés au feu, à Paris, en 1208, et il ajoute qu'avant d'être appréhendé, Pierre put s'enfuir et se fit moine, par frayeur : *Petrus autem antequam caperetur, præ timore, monachus effectus est* [1]. Au xive siècle, l'esprit du bourgeois Marcel se mêlera à la fable, mais le poëte sera forcé de se cacher sous l'anonyme et il aura à se repentir de s'être découvert, même à des amis :

> Et a aucuns se decouvry
> Qui faignolent ses amis estre,
> Mais depuis si fu mué l'estre
> Qui le mirent *en bas degré*,
> Quand ilz eurent sceu son secré [2].

Serait-ce pour la même raison que la plupart des branches du Roman gaulois sont anonymes

---

[1] Cesarius Heisterbachiensis, 5 lib. dialogorum, c. ii, in biblioth. patr. Cistercensium. T. II, p. 140. (Déjà cité.)

[2] *Renart contrefait.*

et qu'on ne connaît de l'auteur de *Reinart de Vos* que le prénom? Ces dangers ajoutent à la grandeur des trouvères, qui s'élevaient à l'indépendance du poëte-citoyen.

———

Dans la première phase littéraire, dans l'œuvre de Willem, d'Henri d'Alkmar, de Pierre de Saint-Cloud, le poëme est la comédie de mœurs du moyen âge. La seconde période s'empreint de mauvais goût et remplace l'action par l'allégorie; les animaux ont pour concurrents des êtres allégoriques de toute sorte : par exemple, les sept péchés capitaux en personne et en nom. La terre n'est plus un théâtre qui suffise; des navires symboliques personnifient le bien et le mal. L'art des trouvères est en décadence : nous sommes au *Roman de la Rose*. Mais ce ce genre lui-même exige l'unité, et le sujet a conservé assez de vie, le génie populaire assez de sève pour y créer de belles et fortes scènes d'un haut comique. Au xive siècle, troisième période, le goût n'est pas meilleur, la science remplace l'allégorie, le sujet devient encyclopédique, l'unité de l'épopée disparaît; mais — sous la plume du *Roi de la Laidure*, Eustache Deschamps, comme dans le long poëme de l'épicier-avocat (qui sans en faire métier), « nécessité n'en avoit, » chante seulement pour oublier la mélancolie de la saison du froid, après les folies de la jeunesse et les travaux de l'âge mûr, — le génie narquois du peuple sera remplacé par l'esprit politique de la bourgeoisie. D'abord, c'est la fable élevée à la puissance de l'épopée comique, La Fontaine ou Molière épique; puis, c'est le roman allégorique où perce le génie de la satire; enfin ce sont les passions du tiers état.

Eustache Deschamps avait lancé de vives satires contre les querelles des papes se disputant la tiare; il voyait dans le schisme la perte des États : quand la tête est malade, tous les membres souffrent :

> Science et foy en fault cesser...
> Un seule pappe, ou tout voy finer!
> Mal chief fait les membres doloir (*Refrain*)[1].

Il accusait de ces troubles les richesses et les bénéfices de l'Église, qui excitent la convoitise et l'orgueil :

> Plus ne seront com chien et chat
> Quand il ne sera plus d'argent (*Refrain*)[2].

---

[1] *Chanson royal sur le fait de la religion*, 1394-1410.
[2] *Ballade sur le fait de l'Union*, 1396-1400.

> Vous qui tenez cinq prouvendes ou six,
> Tant cathedraux comme collégiaux,...
> Vous les tenez à vo dampnacion (*Refrain*)[1].

Mais Eustache était bon chrétien et bon Français ; il respectait l'Église et le trône, en blâmant les abus du pape et du roi. Il avait comparé les antipapes aux apôtres ; c'est par l'éloge du règne de Charles V qu'il attaque le règne de Charles VI. Ses deux satires politiques empruntent des noms d'animaux pour couvrir leurs allusions assez transparentes. Dans l'une, la plus courte, c'est l'aigle qui est en scène, l'aigle Charles V, qui

> Les renars fit trembler et fuire.

Les renards sont les financiers avides, les fonctionnaires cumulards dont les abus avaient été réformés par l'ordonnance du 27 janvier 1359 et l'édit de 1372. Dans l'autre, le Roi devient lion et Renard joue un grand rôle. Lion-Charles V étant mort, toutes les bêtes de proie se jette sur le pauvre peuple ; la discorde, la corruption, le pillage prennent les rênes de l'État ; la violence et la guerre sont déchaînées ; et les misères du temps sont peintes avec des

---

[1] *Ballade du cumul des bénéfices*, 1389-1399.

couleurs d'une sombre énergie. Le pervers à barbe rousse profite de cette anarchie, il suscite le léopard contre le lion. Le poëte épanche alors toute sa haine contre l'Anglais envahisseur, « le léopard de l'île des Géants ».

Paix n'arez jà, s'ilz ne rendent Calais,

avait-il dit dans le refrain d'une de ses chansons populaires. Pendant dix siècles, ce mot d'ordre retentira, et, en l'an 1511, un autre poète, Gringore, en jouant l'Église et le pape, criera encore :

Que font les Anglais à Calais?

Cette satire en forme épique n'a pas moins de 2855 vers et n'est pas achevée.

Le *Renard contrefait* ne manque ni de gaîté, ni de bonhomie; on y retrouve les plus belles fables de La Fontaine[1] et le conte du Psautier. Plusieurs de ses récits seraient dignes de la plume du grand fabuliste; j'en citerai deux : le

---

[1] *Le Rat de ville et le Rat des champs, — le Chêne et le roseau, — le Geai paré des plumes du paon, — l'Aigle et le hibou, — l'Ingratitude des hommes envers la fortune, — le Loup et le renard, — le Renard, le loup et le cheval, — la Génisse, la chèvre et la brebis en société avec le lion.*

premier, publié dans les *Menagiana*, puis par Méon, est le mariage d'un chevalier laid et sage qui épouse une femme belle et sotte ; il espérait avoir des enfants

> Très beaux à cause de la mère
> Et saiges pour cause du père.

Mais les enfants naissent

> Laids et hideux de par le père
> Sots et niches de par la mère.

Le second est le conte de la tigresse malade ; elle ne peut se guérir qu'en mangeant une femme bonne, obéissante et fidèle, un noble sans orgueil, un usurier ayant du cœur, un prêtre qui ne tende pas la main ; mais la gent, masculine ou féminine, se garde bien désormais de lui donner ces moyens de guérison.

Comme tous les fabliaux de l'époque, l'auteur attaque spirituellement le clergé. « Je prends volontiers aux prêtres, dit Renard à confesse.

> Car ils le gaignent en chantant,
> Nous le despensons en riant. »

L'esprit politique y est plein de sel et donne un cachet particulier au poëme. La première scène est une sorte de conspiration de toute la cour contre le peuple, pour piller le pauvre et le faible. Le roi l'approuve,

> Et fit de cette induction
> Fere une *Constitution*.

Dans la seconde version, Renard cause avec un vilain, et relève sa dignité d'homme. Le seul, le vrai vilain, c'est l'homme de rien :

> Vilain est apelez a plain,
> Non pas pour ce qu'il soit plain,
> De vilenie ne de mal, non ;
> Mais de ville est vilains a nom.
> Nulz n'est vilains, qui voir au dit,
> S'il n'est fel, au fait et au dit.

Le portrait du bourgeois, comme de droit, n'est pas oublié :

> Bourgeois du roy est per et conte.
> De tous etatz portent l'honneur,
> Riches bourgeois sont bon seigneurs
> Bourgeois sont la moienne vie,
> De quoy bonnes gens ont envie.
> En Champaigne ils y ont sailli,
> Trop y sont souvent assailli
> De tailles et subvencions
> Et de telles occasions.
> Et ni a trop de gentillesse (*noblesse*)
> Qui peu ayde et assez blesse.

Ce n'est mie Bruges, ne Gand (*Il n'en est pas
ainsi à Bruges ni à Gand*),
Trestout y sont francs les marchands[1].

L'esprit politique bourgeois qui éclate dans
ces sentiments d'opposition se montre ailleurs
sous un autre jour, non moins vrai. Le *joue*

---

[1] Les bourgeois ne sont pas épargnés au moyen âge.
M. Wright a publié, d'après un MS. de Berne, *le Borjois
Borjon*, satire mordante contre la bourgeoisie :

Je vos dirai en audiance
Qu'anors (honneur) dechiet, et honte avive,
Que nus hom' qui en cest mont vive
Por biax mos, ne por bel parler,
Por solaz, ne por deporter,
Por deduit, ne por rien qu'il die,
Ne trovera mais cortoisie.
Car il est avis à plusors
Qu'onors est honte, et honte anors...
Proece muert et hont vit,
Trahison dance et agaiz rit,
Charité crie et pitié plore.

Voici quelques traits du portrait du bourgeois :

Sa lance est desloiauté
Et sa banière a nom envie.
Orgoil, sorfait, malvaise vie,
Ils ont escrit es toz maux vices...
Es riches, c'est chose provée,
N'est jamais proece trovée,
Chies esvesque, ne chies provoire...
Il n'est pas borjois, qui ne prant
De franc home ce qu'en puet prandre...
Car oncques borjois ne quenui
Qui povre chevalier amast,
Ne qui volantiers s'acointast
De lecheor à povre robe.
Borjois n'aime home, s'il ne l'robe (vole).

applique la moralité de la fable du *Chêne et du Roseau* aux Flamands, vainqueurs à Mons en Puelle, vaincus à Cassel :

> Car autrefois tu ne povoies
> Tenir, et tenir t'y vouloies :
> Si com les Flamants firent tuit,
> En l'an mil trois cent et vingt huit ;
> Rebellion en eulx se mist
> Et assemblée d'eulx se fist ;
> Dirent qu'au roy n'obéiroient
> Ne à seigneur ne le tenroient.
>
> . . . .
>
> En l'an mil trois cent et vingt huit,
> Tant par le jour que par la nuit,
> Le roi Philippe tant vanta [1]
> Que tres tous les Flamants mata.

Le sentiment libéral avait fait citer au poète ces bourgeois, *tous francs*, comme modèle de peuple libre ; l'amour de la gloire militaire lui fait oublier que la liberté n'est rien sans l'indépendance. Ces bourgeois, au cœur de chêne, et qui ne pliaient point, avaient déjà fait reculer Philippe le Bel : « Il pleut des flamands ! » Ils allaient bientôt venger Cassel ; car ils allaient avoir à leur tête d'Artevelde. Le bourgeois vol-

---

[1] Métaphore qui rappelle la fable et continue la comparaison : Les chênes flamands sont renversés par la tempête du roi de France.

tairien, libéral, chauvin, a-t-il changé depuis l'avocat-épicier-poète, auteur du *Renard contrefait?*

Le premier poëme se termine par une satire contre la noblesse, que Tibert le chat, poursuivi par des gentilshommes, leur jette à brûle-pourpoint du haut d'un arbre où il s'est réfugié :

> Entre vous qui vivez de proie,
> Jà Dieus en bon leu ne vous voie !
> Vous fetes tant, gros et menu,
> Que vous estes pour chier tenu,
> Qu'ensi ne peut demourer gaire,
> Que vous n'aiez tuit trop à faire,
> Car li peuples vous haïra
> Et puis si vous envaïra,
> Pour l'orguel que vous demenez
> Quar de plus en plus vous penez.
> Il vous semble à vos jugemens
> Que soiez nez de dyamans
> Et de rubiz et de thopaces,
> Ne n'oit en vous fors biens et graces,
> Et qui tuit autre soient de boe *(boue)*,
> Et que son temps pert qui les loe ;
> Mès se bien vous regardoiez
> Trop petit vous priseroiez,
> Ains Dieux apostres qu'il éust
> Ne vost que gentis hon féust ;
> Ains gentis hon ni mist le pié,
> Ne hon qui jà tenist de fié,
> Ne qui déist d'om : mon vilain,
> Ne qui ains levast morte main,

Ne qui de tailles vosist vivre.
Onques Dieus ne vost tels gens suivre[1]!...

Notre épicier-avocat écrivait ceci en 1322, et le second poème était terminé en 1350. L'auteur ou les auteurs n'auraient-ils pas fait partie des États généraux de 1355 ou de 1358 ?

———

Revenons à la lutte du pouvoir spirituel et de la civilisation laïque. Il nous reste à étudier l'apothéose *triviale* de maître Renard.

L'unité est le vain rêve de tous les pouvoirs ; elle devait préoccuper particulièrement une autorité qui se croit issue d'un Dieu unique, une religion qui se nomme universelle. La philosophie de la liberté sait que l'unité n'est possible que dans la variété des usages et des climats, par l'expansion indépendante des aptitudes, par la fraternisation des civilisations diverses. L'unité par le glaive temporel ou spirituel est une unité de Procuste, une tyrannie contre nature. Mais la force et la ruse alliées n'y réussissent pas. Elle n'aboutit qu'à des convulsions anarchiques, à de monstrueuses

---

[1] Je dois ce fragment inédit à l'obligeance des M. Paulin Paris.

décadences. On sait comment finit l'universelle Rome des Césars, dans les saturnales du Bas-Empire. L'unité catholique a été rêvée bien des fois ; les Césars chrétiens l'ont essayée par la force : ils ont livré la moitié de l'ancien monde romain à Mahomet ; les papes du xiie et du xiiie siècle l'ont tenté au nom de la morale : leur ambition a suscité le schisme d'Occident, et le gallicanisme n'a pas tardé à affaiblir l'Église déjà divisée. Plus tard, la lutte, recommencée contre le libre examen et la science rationnelle qui entament l'unité de la foi, ôtera au pontife tout le Nord de l'Europe ; et le dernier combat contre la philosophie et la liberté sera plus vain et plus coûteux encore : le serpent se brisera les dents sur les lois d'airain de la démocratie. L'unité catholique ! Mahomet l'a écornée, le schisme l'a affaiblie, la réforme l'a mutilée, la démocratie la réduira au droit commun, c'est-à-dire à néant.

Au xiiie siècle, la papauté se sentit ébranlée. Caligula souhaitait que le genre humain n'eût qu'une tête pour la faire tomber : voilà l'unité matérielle ! Innocent III écrivit : « Un mot du Créateur est mon unique consolation ; il regretta d'avoir fait l'homme ! » voilà l'unité spirituelle ! Le meurtre universel, désir du

César ! le néant universel, consolation du pape !... quand l'autorité politique ou religieuse désespère !

L'apothéose de Renard, c'est l'unité qui a réussi pour les maîtres du monde.

La conclusion des principales branches est que Renard règne sur la terre. Willem n'ayant pas achevé son œuvre n'avait pas conclu ; Baldwinus, en la traduisant, ajoute quatre vers au poëme pour affirmer la royauté universelle du héros :

Urbibus et castris regnat et ecclesiis.

L'unité de *Renardie l* l'auteur du *Couronnement Renart* l'esquisse, Jacques Giélée la peint à grands traits. Dans le premier de ces poëmes, Renard, appuyé sur les deux ordres mendiants, les frères Mineurs et les Jacobins, porte ses prétentions jusqu'au trône ; déguisé en moine, le saint homme confesse le roi malade et parvient à se faire désigner comme son successeur. Une fois roi, il parcourt la terre et reçoit des hommages universels ; le pape même « par le conseil des Chardenaus », le mande auprès de lui, pour se former à son école :

A Rome, à Jérusalem, à Paris, en Allemagne, en Angleterre, partout on célèbre le nom, partout on suit les préceptes de Renard :

> Pour quel raison vos ai mandé
> Que m'aprendrés des vostre tours.
> De Renard qui est couronés,
> Que confremés fu de par Rome,
> Si que partout porte couronne
> En Franche et en toute Bretangne
> En Engleterre, en Alemaingne,
> En Poitau et en Honguerie.
> En Escoche et en Hiermenie,
> En Loheraine et en Saisoingne,
> En Champaigne et en Borguigne,
> En Gresce, en Aise, en Galilée.
> Que vos diroie? N'est contrée
> En tout le monde où on abite
> Que Renard n'ait home tout cuite,
> Qui de lui tingue aucune chose.
> . . . .
> Que nus ne puet, ce poise mi,
> Au jour d'ui venir à maistrie
> Se il ne set de Renardie [1].

---

[1] Un poëme latin du XIIIe siècle, le *Speculum stultorum*, parodie aussi à sa manière l'unité papale. Son héros, l'âne Brunellus, — « asinus iste monachus est, » dit la préface du XVe siècle, — fonde un ordre nouveau, une sorte d'abbaye de Thélème, qui portera son nom et qu'il compose de tous les ordres anciens, en leur prenant ce qu'ils ont d'agréments et de licences. Le moine y mangera viande comme les chanoines, sera chaud vêtu comme les prémontrés, couchera sans caleçon comme à Grandmont, ne sera

Jacques Giélée a fait l'apothéose dans toute sa grandeur. Crurer rapporte, dans son histoire de l'université de Paris, que saint Louis aimait les dominicains et les franciscains jusqu'à dire s'il pouvait se partager en deux, il donnerait une moitié de lui-même à chacun des deux ordres. Jacques Giélée terminait son livre dix ans après la mort de Louis IX; peut-être mit-il à profit cette bonne pensée du saint roi. Mais Renard fait mieux que le roi de France : il met son vœu à exécution. L'idée que M. Collin de Plancy trouve si triviale est d'un saint.

Je résumerai toute cette fin du *Renard li Novel* ; elle n'a pas moins de 700 vers.

Renard et le roi ont fait la paix ; l'esprit de la fourbe et du mal domine la cour : le clergé « ki nos déust paître » ne pense qu'à luxure, gloutonnerie, avarice. Fuyez, brebis, les loups aiguisent leurs dents.

tenu de dire qu'une messe par mois comme les chartreux. Enfin chacun aura sa chacune, selon l'ordre primordial et éternel du créateur :

« Ordine de reliquo placet ut persona secunda
  « Federe perpetuo sit mihi juncta comes.
« Hic suit ordo prior et conditus in paradiso,
  « Hunc Deus instituit et benedicit eum ;
« Hunc in perpetuum decernimus esse tenendum,
  « Cujus erat genitor cum genetrice mea ;
« Et genus omne meum superfuit ordinis hujus
  « Quo genus humanum deficiente cadat. »

> Lasses brebis, fuiiés, fuiiés !
> Li Leus a ses dens aiguisés
> Pour vous mengier et devourer.

Renard et toute la cour ont abordé à Mautpertuis, sur la nef, symbole du mal, dont l'amiral est le pape et le clergé l'équipage :

> Li amiraux de cele nef
> C'est li papes qui a la clef,
> Ce set cascuns, de tout le mond ;
> Li autre marounier ce sont
> Cardounal, prelat et evesque,
> Clerc, prestre, abé et arcevesque,
> Cordelier, jacobin et moine,
> Prestre parrochial et chanoine,
> Tuit moinent le nef de Renard,
> C'est cist mond qui va male part.

Renard leur offre ses trésors ; qu'ils choisissent ;

> Et il lor donra plainement
> Plus k'il n'oseront demander.

Alors le clergé demande en fief la convoitise, en héritage l'avarice.

> . . . Si demandommes,
> S'il vous plaist, en fiés, convoltise,
> Et à yretage avarise.

Renard le leur octroie et y ajoute sa sœur germaine, la fourberie, dame Ghille,

> Ki a esté à maint concille.

Tout le clergé reconnaissant s'agenouille devant son maître :

> Tous li cliergiés genous flecis
> En ont Renart rendu mercis.

Et le poëte s'écrie :

> Hé! las! Clergiés, que respondrés,
> Au grant jour quant vous i venrés
> Devant la face Jhesu-Cris
> K'en sen lieu vous a çà jus mis
> Por bien dire et por mix (*mieux*) ouvrer,
> Et por nous avoec lui mener ?
> Escuser ne vous porés mie,
> Car il vera vo felounie
> De convoitise et d'avarice,
> Et d'escarseté, ce let vice,
> D'orgueil et de ghille et d'envie
> Ki en vous est par vostre envie.

Le clergé se retire, comblé de tous les biens désirés. Les deux ordres mendiants restent, les frères mineurs et les jacobins. Les jacobins se plaignent de la pauvreté de leur ordre : il serait bon qu'il fût plus riche; on le priserait davantage, et il multiplierait en nombre et en gloire. Mais, dit l'un, pourquoi ces débats ?

> Vous n'aurés já un pain vaillant
> En cest siecle sans renardie.

Et le moine conseille à ses frères de demander à Renard d'être des leurs :

> . . . . Alons
> Jusqu'à Renard et tant faisons
> K'il pregne l'abit de nostre Ordre.

Tous l'accordent ; mais Renard « a trop à entendre ; » il leur offre pour provincial son fils, avec toute sa science. Ils l'acceptent :

> Par quoi ils ont laissié le val
> De povreté par tel esquel,
> Et sunt monté en haut orguel.

Les cordeliers réclament la même faveur et Renard leur donne son second fils. Les lois de l'ordre étaient sévères :

> Trop lor fist aspre saint François ;

Roussiel les adoucira :

> De mius mengier et miex viestir.

Les cordeliers et les jacobins étaient en querelle; les nouveaux provinciaux sont frères et toute discorde va cesser : ils en seront plus forts, ils résisteront aux prélats et ils pourront comme eux, confesser, absoudre, assister aux testaments, posséder. Renardie leur rendra tous leurs privilèges.

Cependant Renard songe aussi à se ranger, il se fait vieux; il consulte un hermite, mais lorsqu'il apprend qu'il ne mange qu'une fois le jour, il s'écrie :

> Vos ordres n'est pas bons à mi,
> Je has tele relegion !

Et il retourne à Mautpertuis, d'où sa réputation se répand sur toute la terre.

Vers ce temps-là, un concile s'étant assemblé, les templiers et les hospitaliers se disputent Renard que chacun veut pour chef. Le conflit est important et solennel; Renard a déjà présenté une objection : J'ai peur de me faire moine, avait-il dit :

> Car jou ai ma femme vivant.

Et le pape « en riant » lui avait accordé dispense. Mais dans quel ordre entrera-t-il en gardant sa femme ? La querelle s'envenime; le pape ne sait que faire; il ne peut couper Renard en deux :

> Partir ne se puet mie en deus.

Au contraire! Renard se couperait en quatre, pour dominer le monde :

> Les deus abis je viestirai;
> Mes viestemens sera partis,
> A diestre je serai viestis
> De viestement d'Ospitelier,
> Et à seniestre (*gauche*) de Templier.
> A seniestre barbe lairai
> A diestre rere (*raser*) le ferai.

Renard a bien mené de front trois adultères; il gouvernera bien tous les ordres de la chrétienté à la fois :

> Bien les gouvernerai tous deus?

Renard se donne lui-même et l'unité est consommée. Il tient les ordres mendiants par ses fils, les ordres militants par lui-même; l'universelle renardie est constituée.

La fortune elle-même est à ses genoux. Sur un palefroi, richement vêtue, elle vient à lui, pour le couronner et lui faire un trône de sa roue. Monte, lui dit-elle.

> Car tu l'as trop bien desiervi,
> Car nus n'est riens encontre ti.
> Tout sunt mais Renart et Renardes,
> Clerc et lai, witart et witardes,
> Viel et jouene, grant et petit,
> Montés, bien l'avés desiervi.

Mais Renard hésite; sa roue pourrait tourner et le faire tomber aussi bas qu'elle l'aurait élevé :

> Car se vostre ruée tornés,
> D'aussi haut si bas m'asserés.

Non, dit-elle, je ne ferai plus tourner ma roue, car :

> Tu as abatu vraie foi,
> Loiauté ai desous mes piés,
> Sire Renart, par vo viertu ;
> Orgius a mise humilité
> Bas à mes piés, en grant vilté.

Renard prend l'habit des deux ordres et monte sur la roue de la fortune; il est « couronés comme uns rois; » toute charité, foi, humilité est perdue; « larghesce des cuers est banie ». Les vices ont « encaciés » les vertus. Renard a fixé la fortune et ne sera jamais détrôné, si Dieu n'intervient :

> Se Dieus nel' fait, ki maint lassus *(là-haut)*.

Ainsi Jacques Giélée couronne largement l'épopée de Renard. Si son œuvre avait plus de méthode et de goût, était aussi sobre de détails et d'allégories que le Renard flamand, elle serait un chef-d'œuvre comme lui. Ici, la satire s'élève au-dessus des barons et des moines, des prêtres et des rois, du pape lui-même. Ce n'est plus seulement Tartufe, ni Robert Macaire, ni tous les deux à la fois. C'est le machiavélisme universel !

———

Machiavel l'a peint d'après la nature et d'après l'histoire :

« Les animaux dont le prince doit savoir vêtir les formes sont le Renard et le Lion. Le prince apprendra du premier à être adroit, et de l'autre à être fort. Ceux qui dédaignent le rôle de renard n'entendent guère leur métier.

« Le plus heureux des princes est toujours celui qui sait le mieux se couvrir de la peau du renard. Le point est de bien jouer son rôle, et de savoir feindre et dissimuler à propos.

« Il n'est pas nécessaire à un prince d'avoir toutes les bonnes qualités, mais il lui est indispensable de paraître les avoir. Je dirai même qu'il est quelquefois dangereux d'en faire usage, tandis qu'il est toujours utile de paraître les posséder.

« Le prince doit surtout s'étudier à ne rien dire qui ne respire la bonté, la justice la bonne foi et la piété, mais cette dernière qualité est celle dont il lui importe le plus d'avoir les apparences[1]. »

Rutebœuf a ajouté à l'apothéose un trait qui rappelle le cri bien connu : Le Roi est mort, Vive le Roi :

> Renars est mort, Renars est vis (*vivant*) !
> Et Renars règne[2] !

L'auteur du *Renard contrefait* avait fait exister Renardie avant la création, Pierre de Saint-Cloud place la naissance de l'animal rusé au commencement du monde ; Rutebœuf le dit immortel.

Non ! Renard n'est pas immortel ; mais il vivra autant que les hommes du despotisme et du privilége dont il consacre le pouvoir, dont il autorise les vices pour en tirer profit ; il vivra autant que la minorité du peuple dont il exploite l'ignorance. La corruption produit la vermine ; l'abus politique, religieux et social engendre les Renards.

La moralité de l'art n'exige pas que la vertu

---

[1] *Le Prince*, chap. XVIII.
[2] *Renart le bestourné*.

triomphe et que le vice soit déjoué, dans le roman ou sur la scène. Elle consiste surtout à présenter un problème moral devant la conscience publique. P. Gringore fait intervenir contre *Mère Solle, Solle Commune,* contre l'*Homme Obstiné, Punition Divine.* Dans ses deux comédies les plus philosophiques, don Juan qui ne croit pas à l'amour et séduit toutes les femmes, Tartufe qui ne croit pas à Dieu et exploite tous les sentiments religieux, Molière oublie le précepte *Nec Deus intersit;* il fait trancher le dénoûment par la statue du Commandeur et par l'exempt du roi. Molière avait d'abord compris Tartufe autrement; il s'était arrêté à son triomphe :

TARTUFE
La volonté du ciel soit faite en toute chose !

ORGON
Le pauvre homme ! allons vite en dresser un écrit
Et que puisse l'envie en crever de dépit !

Mais le poëte vivait sous un prince « ennemi de la fraude » ... et de la liberté; il dut changer ses plans; il le fit en homme de génie. Mais si son génie avait été libre, s'il avait été maître de son œuvre, on peut supposer qu'il l'aurait terminée par le triomphe de l'hypocrisic : Orgon trahi serait allé, comme tant de victimes politiques du grand roi, méditer, en prison ou en exil, sur le danger de se confier aux Tartufes. C'eût été plus vrai pour l'époque, plus vrai pour l'art, plus vrai pour la morale, et, quand je lis le dernier acte, il me semble que le poète n'abandonne cette fin qu'à regret, car il manque à toutes les règles par un dénoûment imprévu, en dehors du sujet, qui ne tient qu'à un fil et qui serait tout autre si le roi n'avait découvert

> Un fourbe renommé
> Dont sous un autre nom il était informé ;

il me semble que Molière ait tout fait pour qu'on n'eût rien à changer à son œuvre, si un siècle de raison, un poète de génie osaient lui donner le dénoûment qu'il a rêvé.

Ainsi finit le poëme du Renard. Il laisse le problème à résoudre à la raison publique. Renard triomphe! Renard est roi! Renard est pape! Renard est immortel! Quand même le trouvère l'aurait tué dans son livre, comme le fait la version des évêques qui y a intérêt, en survivrait-il moins dans le monde, et, si l'illusion de l'art le faisait supposer disparu, n'en serait-il pas plus dangereux ?

Il y a, dans Méon, une branche intitulée la *Mort Renart;* mais c'est une supercherie : Renard passe seulement pour mort et le poëte n'a garde de tuer son héros. Non! la poésie instruit le procès, porte le réquisitoire; l'opinion seule peut faire justice. Ce n'est pas en tuant Renard, ce n'est pas en mettant Tartufe en prison, en plongeant don Juan dans l'enfer, qu'on en débarrassera l'humanité. Je n'invoque pas la violence contre la violence, la ruse contre la ruse. Liberté à Mère Sotte! Liberté à Tartufe! Liberté à Renard! Ce sont les priviléges et les abus, les vices, les préjugés et l'ignorance qui font leur force; c'est au cœur de l'ignorance, des vices et des erreurs qu'il faut les frapper. Éclairons le peuple, moralisons toutes les classes, soyons égaux, agissons en frères et les Renards ne seront plus. Le jour où il ne recueillera que mépris pour sa paresse, au lieu d'aumône pour le bon Dieu, Renard mendiant travaillera. Le jour où la raison lui enlèvera les dupes que la superstition lui livre, Renard hypocrite jettera le froc aux orties. Un historien belge raconte qu'au xiv° siècle, un prédicateur de Gand ayant accusé en chaire les magistrats communaux, le peuple se réunit, jugea les griefs, les trouva faux et invita l'accusateur à rétracter publiquement son blâme public. Le curé s'y refusa, que fit le peuple ? il déserta en masse son Église et le calomniateur dut céder[1]. C'est ainsi que le peuple résout le problème du poëte. Renard vit de nos faiblesses : qu'il meure d'inanition comme un loup dans la neige quand les bergeries sont bien gardées !

Non ! n'attendons ni des Rois, ni des Empereurs, ni des Papes, qu'ils chassent Tartufe de chez Orgon ou Renard du monde. Les Lions finissent toujours par faire la paix avec les Renards. Si l'homme de la Révocation de l'Édit de Nantes a toléré la représentation d'une comédie qui osait protester indirectement contre un des plus petits détails de cette persécution qui fut un grand crime, on connaît le mot du Louis le Grand de notre époque, qui n'aurait pas laissé représenter le chef-d'œuvre de Molière. Le Commandeur qui doit emporter don Juan, c'est l'éducation du peuple ; l'exempt qui doit déjouer Tartufe, c'est la moralité publique. Gringore a eu une grande idée d'opposer la Sotte Commune à Mère Sotte : la Commune qui rendra impuissantes les exploitations du sentiment religieux, c'est la démocratie !

[1] Lenz, *Recherches sur l'état moral de la Flandre au xiv° siècle.*

IV

J'ai terminé une conférence, donnée à l'Université libre de Bruxelles sur le *Roman du Renard*, par ces paroles :

— « Encore un mot, Messieurs, car je parle à des Belges et je n'oublie jamais ma patrie. L'Allemagne s'honore de deux chefs-d'œuvre du moyen âge : les *Niebelungen* et *Renard*. Ses poëtes les traduisent[1], ses savants les commentent, ses artistes les illustrent, des chaires sont créées pour les expliquer, des musées pour les représenter. Renard traduit par Gœthe, illustré par Kaulbach, est un double chef-d'œuvre. Ces deux poëmes cependant n'appartiennent pas exclusivement à l'Allemagne. Siegfrid est le héros des Pays-Bas. Une version flamande des *Niebelungen* existait, antérieure à la célèbre version allemande ; on a retrouvé de ce poëme

[1] La traduction en vers des *Niebelungen*, par Simrock, est une œuvre classique.

deux fragments ; le reste semble perdu. Renard a eu un meilleur sort, nous possédons le poëme flamand tout entier. Or, tandis que l'Allemagne se glorifie du *Reineke fuchs*, nous connaissons à peine le *Reinart de Vos*. Grimm nous l'a reproché amèrement. Grimm va trop loin. L'Allemagne n'a pas toujours attaché tant de prix à son moyen âge. Il a fallu, pour cette renaissance, les attentats d'un nouveau César et le beau mouvement d'indépendance de 1812. La Belgique n'a reconquis ses libertés que d'hier ; laissons-lui le temps de relever toutes ses gloires ; elle n'est peut-être pas assez délivrée de Tartufe pour que Renard y soit populaire. Nous luttons pour cette délivrance. Déjà depuis longtemps, elle pouvait répondre aux détracteurs par les noms des Rubens, des Duquesnoy, des Grétry, des Froissart, des Commines, des Henri de Dinant, des d'Artevelde ! Marnix vient d'être ajouté à cette liste de gloire ; il ouvre la voie au Renard.

« Nous avons de sublimes lutteurs, ne négligeons pas ces bons auxiliaires ! N'attendons pas, pour glorifier Willem, Claes Van Acen et J. Giélée, que Renard soit mort. Nous pourrions attendre longtemps, et alors le devoir ne serait utile qu'à demi, pour la gloire du passé, non pour le progrès du présent. Appelons, au contraire, appelons à la rescousse ces fiers génies, ces champions de la raison libre ! Ne les entendez-vous pas qui nous crient : Siècle qui te dis un siècle de lumière, patrie qui crois à la liberté, nous avons combattu pour la lumière et pour la liberté, nous avons poursuivi l'oppression sur tous les trônes, l'exploitation sous tous les masques ; nous laisserez-vous, comme un glaive enfoui, inutiles et impuissants, dans la poussière des bibliothèques ? Rendez-nous à la vie, rendez-nous au combat, rendez-nous à la victoire ! Nous ferons votre gloire et votre force.

« Pour ma part, Messieurs, je n'ai à mon service, ni la plume de Gœthe, ni le crayon de Kaulbach ; les Gœthe et Kaulbach viendront après. Mais j'en prends ici l'engagement : je donnerai l'exemple, je ferai revivre ce chef-d'œuvre oublié, je tirerai du fourreau cette bonne lame de nos pères. Il y a des Belges qui aiment la patrie, même et surtout dans ses gloires les plus démocratiques ; ceux-là m'aideront ; et s'il est besoin d'un éditeur, je m'adresserai aux éditeurs de Marnix !

« Alors nous pourrons répondre à Grimm : Ce poëme dont s'enorgueillit l'Allemagne est l'œuvre de deux Flamands de Flandre ! et, si quelque plume gasconne exerce encore sa pointe sur ce petit peuple, *Belge comme une oie*, après avoir répondu : Cette oie est libre et saurait donner l'alarme au Capitole européen, nous ajouterons : Le livre le plus digne de la sagesse profane, selon Laurensbergh, la grande comédie de mœurs selon M. Génin, le chef-d'œuvre satirique du moyen âge selon M. Lénient est l'œuvre de ces magots de Teniers, buveurs de bière ! » —

Je viens remplir cet engagement et je commence par la première partie du *Reinart de Vos*. Je ne négligerai pas les branches gauloises; la *Naissance du Renard* dont j'ai fait un prologue leur appartient ; je leur ferai d'autres emprunts fréquents, chaque fois que la poésie y aura quelque chose à gagner. Je ne rendrai pas aux émules gaulois de Willem le dédain de certains éditeurs pour le chef-d'œuvre thiois. Ce ne sera pas altérer, ce sera compléter l'œuvre flamande. Willem déclare suivre une version gauloise, et il n'est guère de poëme important de la langue d'oïl qui n'ait été imité en flamand à cette époque[1]. Chaque fois que les Flandres ont été

[1] Exemples : la *Légende de saint Brendan*, le *Roman de la Rose*, l'*Ordène de chevalerie*, *Flore et Blanchefleur*, la *Chan-*

libres et prospères, elles ont été cosmopolites. J'ai déjà dit que presque toute la poésie du moyen âge était européenne; je lui laisserai aussi ce caractère dans ma traduction. La poésie est au-dessus des rivalités de race et des prétendues suprématies de langue et de littérature.

L'œuvre la meilleure sans contredit, pour le fond comme pour le style, est le poëme flamand, surtout la première partie. Tout le monde l'accorde. M. Marmier caractérise au mieux cette supériorité : « Le récit est beaucoup plus dramatique, plus serré, beaucoup moins licencieux, et l'ouvrage entier est empreint, comme l'a dit J. Grimm, d'une couleur toute flamande..... Le premier est certainement une œuvre à part, une épopée complète, une comédie excellente, écrite avec verve, avec une profonde connaissance des vices du temps et des subtilités du cœur humain. » — Rien d'étonnant à cela. La langue flamande était formée alors, et sa littérature était presque classique; elle avait rejeté cette surabondance de détails, cette profusion de couleurs sans choix, cette

---

son de *Roland, Charles et Élegast*, le *Lancelot*, le *Graal* et tout le cycle de la *Table ronde*, l'*Alexandre*, la *Guerre de Troie*, etc., etc.

prodigalité des premiers jours de force indisciplinée, qu'on remarque encore chez Rabelais. Aux mains d'un vrai poète, l'œuvre s'en ressent doublement. Là, point de détails oiseux, confus, ou obscènes; point d'ivraie allégorique étouffante, point de débauche d'idée, ni de forme; mais un récit qui se soutient, des épisodes à leur place, des discours spirituels et dans le rôle, des traits profonds, la vérité des caractères, la finesse de l'observation, la portée de la comédie de mœurs. L'auteur de la 20ᵉ branche gauloise dit lui-même que son sujet, qui est celui de Willem, est le *miex de la matere*, et, dans cinq manuscrits sur sept, cette branche commence l'œuvre, comme la plus importante sans doute. Qu'on en juge encore : on peut traduire le poëme germanique sans en retrancher un mot, Gœthe l'a fait. Aucune des branches gauloises ne supporterait cette épreuve, ni pour les idées, ni pour les expressions; il en est qu'il faudrait réduire des trois quarts. Je choisis donc, dans les deux langues, le *mieux de la matière*. J'aurai toujours soin d'indiquer ce qui appartient à César.

Chaque fois que cela a été possible, j'ai suivi exactement le texte; je l'ai pu pour l'œuvre de Willem; la traduction en est fidèle, la poésie seule est libre. Pour ce que j'emprunte au vieux français, c'est en général tout différent. Le goût ni la langue ne sont pas assez faits pour s'imposer : dans une forêt vierge, on marche la sape à la main.

Je m'arrête avant que l'œuvre de Willem soit achevée. Renard s'est tiré de la potence, il reste maître du terrain; la première branche finit. Willem, je l'ai déjà dit, ne dut pas croire son œuvre terminée, il semble préparer de longue main un dernier acte. Les bravades de Renard, le trésor qu'on ne trouvera point, en lui suscitant de nouveaux dangers, ouvrent une scène nouvelle : c'est la seconde branche. Elle paraitra bientôt, si le lecteur lui prête vie.

BIBLIOGRAPHIE

VERSIONS ET ÉDITIONS DES POÈMES DU RENARD

LATIN

I. Isengrimus, anonyme du xie siècle.

MANUSCRIT.
> *Codex berolinensis*, sur parchemin, écriture du xive siècle, Bibliothèque de Berlin.

IMPRIMÉ.
> J. Grimm, *Reinhart fuchs*, Berlin, 1834, p. 1-25.

II. Reinardus Vulpes, par un bénédictin de Gand, xie siècle. Un MS. de Berlin, du xive siècle, qui copie des extraits de ce poème, lui donne pour auteur : *Magister Nivardus*.

MANUSCRITS.
> Liège, Bibliothèque de l'Université, *Liber monasterii sancti Trudensis*, xiiie siècle.
> — Ibid., *Liber conventûs fratrum sanctæ Crucis Huyensium*, xive siècle. (Ces deux MSS. proviennent de l'abbaye de St-Trond.)
> Bruxelles, Biblioth. de Bourgogne, n° 2838, incomplet.

PARIS. Bibliothèque Nationale, *Dialogus Isengrinum inter et Reinardum, versibus elegiacis.* Fonds-Baluze, n° 862, xiv° siècle.

IMPRIMÉ.
ÉDITION MONE, Stuttgard, 1832, 1 vol., in-8°.

III. REYNARDUS VULPES, par Baldwinus, traduction de la 1re partie du *Reinart de Vos*, 1280.

IMPRIMÉS.
UTRECHT, Nicolas Ketelaer et Gérard de Lempt, 1472 (?). — Publié par Campbell, La Haye, Martin Nyhoff, 1859.

IV. VULPECULÆ REINIKES, *opus pœticum de admirabili fallaciâ et astuciâ, libri* IV, par Hartman Schopperus, imitation de tout le poème flamand, Francfort-sur-Mein, petit in-8°, fig. bois de Jost Ammon et Virg. Solis, 1567. — Id. in-12, fig. bois, chez Nic. Basseus, 1574, 1579, 1584, 1589 et 1595.

FLAMAND

I. REINART DE VOS, 1re partie, par Willem, fin du xii° siècle. — 2° partie, par Claes Van Acen, xiii° siècle.

MANUSCRITS.
MS. dit de Combourg, Bibliothèque de Stuttgard, commencement du xiv° siècle.
MS. d'Amsterdam, Bibliothèque de Bourgogne, n° 14601, commencement du xv° siècle.
Fragment Van Wyn, Bibliothèque d'Amsterdam, copie du xv° siècle.

IMPRIMÉS.

MS. de Combourg. *Odina and Teutona*, par F. de Graeter, in-8°, Breslau, Fréd. Barth, 1812, p. 279-376.

Id. *Reinhart fuchs*, par J. Grimm, in-8°, Berlin, Reimer, 1834, p. 115-268, avec le fragment Van Wyn.

MS. d'Amsterdam, *Reinart de Vos, episch fabeldicht*, etc., avec introduction et notes, par J.-F. Willems, in-8°, grav., Gand, 1836. — Id. 2° édition, Gand, 1850. — Id. publiée par Yonkbloet, Groninghe, 1856.

II. AUTRES VERSIONS :

Die Hystorie van Reynaert die Vos, 43 chap. en prose mêlée de vers, in-4° goth., Gouda, chez Gheraert Leew, 1479.

Die Hystorie van Reynaert de Vos, in-4° goth., Delft, sans nom d'imprimeur, 4 juin 1485.

R. de V., in franchoyse ende nederdytsch, etc., petit in-8°, Anvers, Christ. Plantin, 1566.

— Vermakelyke historien, in-8°, Delft, 1603.

— of het dieren ordeel, etc., in-4°, Anvers, 1614. — Id., Ibid., 1662.

— ofte het oordell der dieren, édit. populaire, in-8°, corrigée, grav. bois, approbation du 15 nov. 1661, Anvers, J. Thys, sans date.

— Réimprimée pendant tout le XVII° et le XVIII° siècle.

Een hist. van R. de V., met haar moralisatien, etc.,

van nieuws overgeisen en verbetert ; Éd. corrigée, sans date, in-8º, fig. bois, Amsterdam, chez Van Egmont.

Een seer genoeglyke en vermakelyke Hist. van R. de V., in-8º, Amsterdam, Loostman, 1712. — Id., in-12, *ibid.*, Van de Putte, 1736.

Die Hist. van R. de V., reproduction de l'éd. de Delft de 1485, gr. in-8º, Lubecq, L. Guhl, 1783. — Lubecq et Leipsig, 1788.

R. de V., naer de oudste beryming, traduction en vers, par J.-F. Willems, petit in-8º, Eecloo, Van Han, sans date (1834).

— nouvelle édition, Malines, Hanicq, avec approbation, 1851.

BAS-SAXON

I. REINHART, de Henri de Glischesaere, XIIᵉ siècle.

MANUSCRITS.

1ʳᵉ version. Fragments sur parchemin, datés de 1515, provenant d'un livre de compte, trouvés en Hesse, en 1839, déposés à la Bibliothèque de Cassel.

2ᵉ version, remaniée par un anonyme.

MS. Koloczy, Bibliothèque de Berlin.

Codex Palatinus, Bibliothèque d'Heidelberg.

IMPRIMÉS.

Sendschreiben von J. Grimm, an Karl Lachmann, uber Reinhart Fuchs, in-8º, Leipzig, Wiedman, 1840.

J. Grimm, *Reinhart Fuchs*, p. 25-103.

II. Reinaert Fuchs, traduction du *Reinart de Vos*, par Henri d'Alkmar, et autres versions de même origine.

Reyneke de Vos, in-4º, goth., fig. bois, Lubeck, 1498.
Vom Reyneken dem Vosse, etc., in-4º, fig. bois, Rostock, 1517.
R. de V., in-4º, fig. bois, édit. Nic. Bauman, Rostock, L. Dietz, 1522. — Id. petit in-4º, fig. bois, Rostock, L. Dietz, 1539 et 1543.
— *de olde*, in-4º, fig. bois, Rostock, 1548, 1549 et 1553.
Vom R. V. dem Olden, in-4º, fig. bois Francfort-sur-M., Cyr. Jacob, 20 mars 1550. — Id. in-4º, *Ibid.*, Zephelius, 1562.
R. V., etc., édit. Stephan Moelleman, in-4º, fig. bois, Rostock, 1592.
— in-8º, fig. bois, Hambourg, Frobenius, 1604.
— in-8º, fig. bois, Hambourg, Dosen, 1660.
— *mit dem koker*, publié par F.-J. Hakman, d'après l'édit. de Lubecq de 1498, in-4º, Wolfenbuttel, Frytag, 1711.
R. de Fuchl, par H. d'Alkmar, petit in-4º, fig. bois, Amsterdam, 1752.
R. de V., avec éclaircissements en vieux saxon, par G.-G. Bredow, in-8º, Eutin, Struve, 1798.
R. de Fos, *fan Henrek fan Alkmar*, publié par le Doct. K.-F.-A. Scheller, in-8º, Brunswyck, 1825. — Brunswyck et Postdam, 1835. — Breslau, Grasse, Barthe et Cie, 1851.

Reintje de V. vom Hendrik van Alkmar, publié d'après l'éd. de Lubecq de 1498, par J. Sheltema, in-8º, Harlem, 1826.

R. de V., d'après l'édition de Lubecq de 1498, avec introduction, notes et glossaire, par Hoffman von Fallersleben, in-8º, Breslau, Grasse, Barthe et Cⁱᵉ, 1834. — Id. 1851.

Een Fortsetzung des R. F., ist das angeblich aus einer Handschrift von 1517, *Henning de Han*, in-8º, sans lieu, 1732. Continuation de *Reinart*, par F.-H. Spare, pseudonyme de Casp. F. Renner. — Id., 2ᵉ édition, in-8º, Brême, 1813.

ALLEMAND

Reineken Fuchs, traduction en vers, par Michel de Beuther, Francfort-sur-Mein, in-fol., chez Cyr. Jacobus, 1544.

Reineken Fuchs, in-fol., 1545, 1556, 1562. — In-8º, 1574, 1587, 1590, 1608, 1617.

Reineke F., autre trad. en vers, Rostok, in-8º, grav. bois, Wilde, 1650. — 1662, 1663.

Der listige R. F., in-8º, fig. bois, sans lieu, ni date, édition populaire en prose, très répandue (xvıııᵉ siècle).

R. der F., traduct. d'après l'édition de 1498, publié par Jh. Eph. Gottscheden, in-4º, grav. d'Albert van Everdingen, Leipzig et Amsterdam, 1752.

— reproduction de la précédente édition, in-8º, Dresde, 1791.

R. F., trad. en vers, en 12 chants, par J.-W. Von

Goethe, Berlin, in-8º, Brockaus, 1794. — Stutt-
— gard, 1832, Stuttgard et Tubinge, 1835,
etc., etc.

R. der. F., trad. en vers, par Dietrich Wilh. Soltau,
gr. in-8º, Berlin, Vieweg, 1803. — Brunswick,
in-8º, grav. 1823. — Berlin et Lunebourg, in-8º,
1830.

R. F., *à la fin du siècle philosophique*, in-8º, Altona,
1807.

— édition populaire en prose, in-12, nombreuses grav., Tubingen, Osiander, 1817. — 14 grav., *ibid.*, 1837.

— *trad. en vers, avec retranchements convenables à l'époque*, par Fr. Rassmann, in-12, Swikau, Schuman, 1820,

— même texte, *Etui bibliothek der deuschen classiker*, nº LIII, petit in-4º de poche, Heilbronn, Strasser, 1822.

— par J.-H. Remberg, in-fol. oblong, Hanovre, Hahn, 1826.

R. der F., gr. in-12, vignette et 19 gr. Leipsig, Volkmar, 1836. — 2ᵉ édit., 12 nouvelles grav., *Ibid.*, 1837. — 3ᵉ édit. in-8º, 11 grav., *Ibid.*, 1840.

R. F., *arrangé pour la jeunesse instruite*, Leipzig, Renger, 1836-1841.

— *arrangé pour la jeunesse*, in-8º, grav. bois, Berlin, Euslin, 1837. — Id., *ibid.*, F. Muller, 1840.

— illustré par L. Richter, in-8º, 11 grav., Leipzig, Volkmar, 1841. — Gr. in-16, Leipsig, Renger, 1844. — Édition miniature, petit in-16, 12 grav. bois, Leipsig, Wiegand,

1851. — 5ᵉ édition, 12 grav. bois, Leipsig, Graul, 1855.

Henning der Hahn, par N. Meyer, trad. libre de la continuation du R. saxon de Renner, in-8º, 12 grav., Brême, 1814.

Hanning der Hahn, par Ernest Rommel, petit in-4º, grav. bois, Hanovre, 1846.

Reinhart Fuchs, trad. du *Reinart de Vos*, d'après J.-F. Willems, par Aug. Friedr. Herman Geyder, in-8º, Breslau, Aderholz, 1844.

R. F., traduction en vers de Carl Simrock, illustrations de T. Kiellerop, in-8º, Francfort, Bronner, 1845. — Ibid., 1847. — Ibid. 1852.

— trad. de Goethe, illust. de W. Kaulbach, in-4º, 36 grav. sur acier, Munich. 1846, etc.

— La même, illust. réduite par J. Schnorre, grav. sur bois par Allgaier et Siegle, Gotha, 1859.

— trad. libre en vers, par J.-C. Hartmann, illust. de H. Leutemann, in-4º, 36 grav. sur acier, Leipsig, Payne, 1855.

ANGLAIS

The Fox and the Wolf, Bibliothèque Bodleienne, MS. Digby, nº 86, fol. 138, r. (Écriture du règne d'Édouard Iᵉʳ.)

— Publié par Wright (*reliquiæ antiquæ, Scraps from ancient MS.*), 2 vol. in-8º, Londres, Pickering, 1843.

The Historie of Reynart the Fox, etc., *wiche was in dutsche, and by me, William Caxton, translated in to this rude and simple englyssh*, in-8º Westminster, Caxton, 6 juin 1481.

The booke of Raynarde the Foxe, in-8º, Londres, Thomas Goualtier, 1550.

Reinard the Fox, sans date, Londres, Richard Pinson, (XVIe siècle).

The most delectable History of R. the F., etc., petit in-4º Goth., fig. bois, Londres, Edw. Brewster, 1re partie, 1667, 1694, 1701; 2e partie, 1672, 1681; 3e partie, 1684.

The shifts of Raynardine, the son of R. the F., *new published for reformation of men's manners*, in-4º, Londres, Edw. Brewster, 1684 et 1701.

The Crafty Courtier of the fable of R. the F., *newly done into englisch verses*, trad. d'après Schopperus, in-8º, Londres, 1706.

The most plaisant and delightful history of R. the F., and Raynardine, his son, etc., in-12, grav., 3e édition, Londres, 1708.

The Historie of R. the F., and Bruin the Bear, Londres, Bindley, 1756. — Id., in-12, à Londres, Smith, 1756.

Reynard's prosecution of Bruin, assisted by the Wolf, Ox, Ass, Ram, Beaver, etc., fable, in-4º, Londres, Ranger, 1761.

R. the F., *translated from the low German original*, par W. Soltau, gr. in-8º, Lunebourg, 1827.

The Historie of R. the F., *published by the Percy Society*, Londres, 1844.

R. the F., *a renowned apologue of the middle age, reproduced in Rhyme*, par S. Naylor, in-4º, Londres, Longman, 1845.

— avec les gravures de Kaulbach, in-4º, Londres, Cundall, 1847.

R. the F. from the german of Goethe, par Th.-J. Arnold, Londres, Trubner, 1859.
— même traduction avec les illustrations de Kaulbach, Londres, 1860.
— a revised version, in-8º, Londres, Parker, 1844.
— avec les grav. d'Albert Everdingen, riche édition, in-8º, Londres, Cundall, 1845.
— la même, réduite ; in-8º, Londres, H.-G. Bohn, 1846.

DANOIS

En Raeffue Bog som kaldes paa obyske Reineke Foss, etc., trad. en vers, par Herman Weigere, in-4º, fig. bois, Lubeck, Richolff, 1552. — In-4º, fig. bois, P. Hake, 1656.

R. F., eller en lystig og nyttig fabel og historie an Raevens mangfoldige Fund, etc., par H. Weigere, in-8º, sans date et sans nom de ville.

Speculum vitæ aulicæ, eller den fordunstede R. F., édit. de Weigere, remaniée ; in-8º, Copenhague, 1747.

R. F., trad. en vers du poëme de Goethe par Oehlenschlaeger, in-8º, Copenhague, 1806.

Mikkel Raev, en episk fortelling, efter R. Voss, par Fréd. Schaldemose, édit. pop. illustrée, Copenhague, 1842.

SUÉDOIS

Reynike Foss, that ar en schon och nylligh dich, etc., trad. d'après Schopperus, in-8º, Stockolm, 1621.

Reinicke Fuchs, der aer en skoen, etc., trad. en vers, in-16, Stockolm, 1827.
— *eller Michel Räf*, trad. en prose, in-8º, Stockolm, 1775.

ISLANDAIS

Halfdan Einar (*Historia litteraria Islandiæ*, p. 178), signale une traduction en cette langue du *Vulpecula Reinike* de Schopperus.

GREC MODERNE

Ταθέρου, λύκου καὶ ἀλουποὺς, etc., *l'âne, le loup et le Renard*, en grec de la fin du XVᵉ siècle, publié par Grimm, *Senscrieben an Lackmann*, p. 75-90.

FRANÇAIS

MANUSCRITS.

I. ROMAN DU RENARD, diverses branches (Méon.). Paris, Biblioth. nationale, nº 7607, MS. Charles IX. — 98-14 supplément français. — 68 fonds Cangé. — 7607-5 ancien fonds. — 1980, ou 2733 fonds St-Germain. — 7218-274 *bis*, fonds N.-D. — 8189-2 Bigot.
— Bibliothèque de l'Arsenal, nº 1956, lettres françaises. — 317, *id.* — 60, *id.* — 195 C. Rome, Bibl. du Vatican, nº 1699, anc. fonds St-Germain.

La confession Renard (inédit), Paris, Bib. nat., nº 482, fonds Fontainebleau, ancien catal. — 360, Sᵗᵉ-Palaye, nº 578, fol. 49 v.

La Compaignie Renard, Paris, Bibl. nationale, n° 7218. (Publiée par Robert.)

Renard le bestourné, de Rutebœuf, Paris, Bibliot. nat., n°s 7218, 7633 et 7615. (Publié par Jubinal et par Chabaille.)

Du plait Renard de Dammartin contre Vairon son ronsin, Paris, Bib. nat., n° 7218 (publié par Jubinal, *Nouveau recueil de Contes*).

Le dit de la queue du Renard, Paris, Bib. nat., n° 11352 (publié par Jubinal, *ibid.*).

II. LE COURONNEMENT RENART, Bib. nat., n° 7534. — 3-3.

III. RENART LI NOVEL, de Jacques Giélée, Bib. nat., n°s 69, fonds Cangé, — 38, fonds Lancelot, — 2736, fonds Lavallière 81, — 7615, Fauché.

IV. RENART CONTREFEZ, par un clerc de Troyes, Bib. nat., n°s 7630-4, fonds Delamare, 281, — 6985-3. fonds Lancelot 4.

—

Dans les inventaires du temps, publiés par M.-J. Barrois (*Bibliothèque protypographique, ou librairies des fils du Roi Jean, Charles V, Jean de Berri, Phil. de Bourgogne et les siens*, un vol. in-4°, Paris, Crapelet, 1830), on trouve l'indication des manuscrits suivants :

PARIS. — TOUR DU LOUVRE.
(Inventaire de 1373.)

N°
138. DE REGNART ET ISENGRIN.

BRUGES. — BIBL. DE LA MAISON DE BOURGOGNE.
(Inventaire de 1467.)

Nos

1326. *Un petit livret en porchemin couvert d'ais et de cuir blanc, intitulé au dos* : C'EST LE LIVRE DU RENARD, *escript en rime et deux coulombes, quemenchant ou second feuillet*, S'IL NOUS APPELLE BELLE SŒUR, *et au dernier*, OR N'ATTEND.

1327. *Ung livre en parchemin couvert de cuir rouge, intitulé au dos* : C'EST LE LIVRE DU RENART, *escript en deux coulombes et en rime; quemenchant ou second feuillet*, A TANTES BESTES REGARDA, *et ou dernier*, FAIT P TRESTOUT PAR SON ART.

1328. *Ung livre en parchemin couvert de cuir blanc, escript en trois coulombes, intitulé au dos* : C'EST LE LIVRE DU RENART, *quemenchant*, PIERRE QUI SON ENGIN ET S'ART, *et au dernier*, MAIS AINS QU'IL Y FUST ENTREZ.

BRUXELLES. — BIBLIOTH. DE BOURGOGNE.
(Inventaire de 1487.)

Nos

1761. *Ung autre grand volume couvert de cuir blanc, à tout deux clouans de léton, intitulé* : LE LIVRE DU REGNART; *commenchant ou second feuillet*, JE NE CUIDE PAS QU'IL SE PARMETOY, *et finissant*, ICY FAIT LA BRANCHE FINER.

1948. *Ung autre certain volume couvert de cuir rouge, à deux cloans et cinq bouts de léton sur chacun costé, intitulé* : LE LIVRE EMERY DE NAR-

BONNE.... ET DE REGNART; *commençai.t ou second feuillet,* ET JE RESPONC, JE VOUS DIRAY ASSEZ, *et finissant ou derrenier,* SE QU'IL FIT LE BARON.

2122. *Ung autre livret couvert de cuir rouge, à deux cloans de léton, intitulé :* LE LIVRE DU REGNART; *commenchant ou second feuillet,* A TANTES BESTES REGARDER, *et finissant ou derrenier,* CY FINERAY DE REGNART.

2123. *Ung autre livret couvert de cuir blanc, à deux cloans de léton, intitulé comme le dessus :* LE LIVRE DU REGNART; *commençant ou second feuillet,* SY VOUS APPELLE BELLE SEUR, *et finissant ou derrenier,* LY COMPTE FINIST.

IMPRIMÉS.

I. JACQUES GIÉLÉE, MIS EN PROSE PAR JEAN TENESSAX.

Le livre de Maistre Regnard et de Dame Hersant sa femme, etc., imprimé à Paris, par Phil. Le Noir, petit in-4° goth., sans date (1477 ?).
— in-4°, Paris, Michel Le Noir, 1516.
— in-4°, Lyon, Oliv. Arnoullet, 1528.

Le docteur en malice, maistre R. desmonstrant les ruses et cautelles, etc., in-16, Rouen, Rob. et Jean Dugort, 1550. — in-18, Paris, Nicolas Buffet, 1551.

II. TRADUCTIONS OU IMITATIONS du *Reinart de Vos.*

Reynier le Renard, etc., *contenant 70 chapitres* (français et flamand), in-8°, Anvers, Christ. Plantin, 1566.

Histoire plaisante de Reynier Deschamps, seigneur de Malperdu, in-12, Anvers, Praeter, 1581. — In-16, *ibid.*, 1625, — in-16, Lyon, Rigaud, 1625.

Le Renard ou le procès des bestes, in-8º, fig., Bruxelles et Paris, Dessaint, 1739. — Id., petit in-8º, fig. Amsterdam, Brunel, et Bruxelles, Lemmens, 1743.

Les intrigues du cabinet des rats, etc., in-8º, 22 planches, Paris, Leroy, 1788.

Le Renard ou le procès des animaux, nouvelle édition remise en meilleur ordre et considérablement augmentée, par M. S. B. (Boulard), in-12, 22 fig., Paris, Boulard, an XI, 1803.

— in-8º, Paris, 1810.

III. Éditions des branches Gauloises.

Le Roman du Renard, *publié d'après les MSS. de la Bibl. du Roi, des* XIIIᵉ, XIVᵉ *et* XVᵉ *siècles*, par M.-D.-M. Méon, 4 vol. in-8º, Paris, Treuttel et Wurtz, 1826.

Le Roman du Renard, supplément, variantes et corrections, par F. Chabaille, in-8º, Paris, Sylvestre, 1835.

Fables inédites *des* XIIᵉ, XIIIᵉ *et* XIVᵉ *siècles, et Fables de la Fontaine rapportées*, par A.-C.-M. Robert, 2 vol. in-8º, Paris, 1825. (On y trouve de nombreux fragments du *Renard Contrefait*.)

Poëtes de Champagne *antérieurs au siècle de François* Iᵉʳ, publiés par Tarbé, un vol. in-8º, Rheims, 1851. (On y trouve de nombreux fragments du *Renard Contrefait*.)

IV. Traductions modernes.

Le Roman du Renard, *traduit pour la première fois d'après un texte flamand du XIIe siècle*, édité par J.-F. Willems, etc..., par Octave Delepierre, un vol. in-8º, Bruxelles, société de librairie, Hauman, Cattoir et Cie, 1837.

Le Roman de Reinart, 1re *partie*, trad. en prose avec une introduction (*Chronique contemporaine et rétrospective*, revue imprimée à Gand, petit in-4º, sans date, 1er vol.).

Le Renard, *par Goethe, trad. par Ed. Grenier*, in-32, Bruxelles, office de publicité, 1858.

Le Roman du Renard, d'après toutes les branches, etc., par J. Collin de Plancy, in-32, Malines, Hanicq, 1843.

Bibliothèque approuvée, *Les fabliaux du moyen âge, parmi lesquels se lisent... le* Roman du Renard. In-16, grav., librairie d'éducation, Perisse frères, Paris et Lyon, sans date.

Roman du Renard, version épurée par Collin de Plancy, in-16, Paris, société de Saint-Victor, 1855.

Œuvres de Goethe, *trad. nouv. par J. Porchat* (tome V, Roman du Renard), Paris, Hachette, 1860.

LE ROMAN DU RENARD

PROLOGUE

LA NAISSANCE DU RENARD

— D'après Pierre de Saint-Cloud. —

Lorsqu'Adam eut mangé la pomme,
Dieu prit pitié du premier homme ;
Il lui fit présent d'un bâton,
C'était du coudrier, dit-on,
Doué d'une force secrète :
Il suffit d'en frapper la mer
Pour qu'un être nouveau naisse du flot amer,
Par la vertu de la baguette.
Adam se mit à battre l'eau :
Une brebis en sort qui portait un agneau.
Le bon homme de joie en pleure :
« Nous aurons de bon lait, du fromage, du beurre,
De la laine douce au menton,
Et bientôt gigots de mouton ;

Le ciel bénit notre demeure. »
Ève prit la chose en dédain !
« La belle merveille! ou je meure !
L'affaire ira d'un autre train
Si j'y mets la main tout à l'heure. »
Bref, la voilà fouettant la grande mer : soudain
Du sein des flots un loup sauvage
Accourt, prend la brebis, l'emporte dans le bois,
Et madame Ève est aux abois !
Adam en pâtit ; c'est l'usage.
Il n'était plus au Paradis :
« Ma brebis ! ma brebis ! rendez-moi ma brebis !
Je n'aurai donc personne ici pour me défendre !
Pourquoi l'avez-vous laissé prendre ?
Elle me préférait déjà dans le logis ! »

Adam avait l'âme endurante ;
Un autre... Sur la mer il joua du bâton :
Un chien naît, court au loup et sauve le mouton,
Un chien fidèle et beau, gardien de la maison !
Belle dame, êtes-vous contente ?
Ève eût peuplé de loups la plaine et la forêt
Avant de s'avouer vaincue ;
Elle fit une autre bévue,
Puis une autre, et vingt fois ; Adam les réparait,
Mais le dépit d'Ève empirait
Après chaque déconvenue.
« Ce vilain bâton est un sot!   [maître?
Où sommes-nous, grand Dieu ! si l'homme se croit
Il n'aura pas le dernier mot ! »
Elle tint bon et l'on vit naître

Les divers animaux sous la main des époux.
Ceux que créait Adam, domestiques et doux,
Reconnaissaient sa voix, dans sa main venaient paître ;
Mais ceux d'Ève, cruels, farouches, l'œil en sang,
   Fuyaient au bois en menaçant.
   Ève n'en tenait pas de rage !
   Elle mit la verge en morceaux,
Et, pour dernier défi, la jeta sur les eaux.
Il manquait une espèce à la race sauvage :
Un long ricanement sur les vagues courut,
   Et maître Renard apparut !

Il ne fuit pas ; il prit un air bénin et tendre,
D'un *Laudate Deum* leur prêta le bon jour,
Puis convia le monde au fraternel amour !
Ève crut triompher, Adam s'y laissa prendre,
Et la ruse ici-bas règne depuis ce jour.

PREMIÈRE PARTIE

— Traduction de la 1re partie du *Reinard de Vos*. —

CHANT PREMIER

C'était un jour de Pentecôte.
Le soleil embrasait la côte,
Un ciel pur et serein couronnait l'horizon ;
Lion-Roi sort de sa tanière :
Pour mettre à profit la saison,
Il a fait annoncer partout sa cour plénière.
Tous les animaux d'alentour,
Petits et grands, sont venus à la diète.
Renard seul manque à la cour ;
Qui se sent criminel redoute le grand jour ;
Sa conscience n'est pas nette.
Entre tous il s'acquit d'abord
La réputation d'une âme déréglée,
Et c'est la seule chose encor
Que le fripon n'ait pas volée.
Aussi, point d'animal en toute l'assemblée
Qui ne puisse à l'absent reprocher quelque tort ;
C'est à qui criera le plus fort !

Isengrin commença l'attaque dans ces termes :
— Isengrin est un loup qui se croit des plus fermes —
  Sire, je dois être vengé ;
  Votre honneur s'y trouve engagé,
  Et l'humanité tout entière.
Considérez les maux qu'il m'a fait endurer ;
Il est entré chez moi pour me déshonorer ;
Il a séduit ma femme et souillé ma litière !
Il poursuit mes enfants jusque dans le berceau !
L'autre soir, il osa l'inonder de son eau ;
La douche à deux d'entre eux a ravi la lumière.
Ce n'est pas tout ; un jour, cachant ses noirs desseins,
Il voulait composer sur le saint Évangile,
Mais à peine a-t-il vu les reliques des saints,
  Qu'il détale d'un pas agile,
  Brisant sa parole fragile,
  Et me laissant quitte pour ses larcins.
 Le fait est vrai, l'assemblée indignée
En fut témoin ; il m'a causé tant de soucis,
  Ainsi qu'à ma pauvre lignée,
Que tout le lin qu'on tisse à Gand dans une année,
Si la toile en vélin en était façonnée,
  N'en contiendrait pas les récits
   Concis.
Je m'arrête ; pourtant, Sire, par Notre-Dame,
Pouvez-vous oublier le plus grand des forfaits,
Et laisser impunis les affronts qu'il m'a faits
  Dans la personne de ma femme ? »

  Sitôt qu'Isengrin a cessé,
  Un petit chien s'est avancé ;

Il avait nom Courtois; il roulait la prunelle;
  Baron de race et cherchant le succès,
Il laissait aux manants la langue maternelle
  Et vous pinçait le beau français !
Il narra comme quoi, par un hiver de diable,
Les destins ennemis l'ayant précipité
  Dans un dénûment déplorable
  Pour un chien de sa qualité,
  Il ne lui restait sur sa table,
Premier, second, dessert, tout bien compté,
  Qu'une andouille peu délectable,
  Mais d'un prix inestimable
  Pour un estomac maltraité ;
Et que cet animal, sans foi, sans probité,
Ce rustre, — car, fit-il, entre nous, gentilshommes,
  On a des égards pour la pauvreté, —
Ce rustre, sans respect, ni de Dieu, ni des hommes,
  Lui vola son dernier pâté.
  L'orateur, de ce sévice,
  Réclamait prompte justice,
  Au nom de la propriété.

« Un homme est en disgrâce, aussitôt on l'outrage!
  S'écria Tibert le chat,
  Qui, devant l'aréopage,
  S'élança d'un entrechat.
  De quoi se plaint ce chien illustre?
  Le fait remonte à près d'un lustre.
D'ailleurs, quoi qu'il en dise en son langage fin,
  Cette andouille était ma conquête ;
Je l'avais, une nuit, volée en un moulin.

Tous ses droits sont les miens, et je me tais ! Enfin,
    Qu'il en soit pour sa requête ! »

Dom Pancer, le castor, répartit gravement :
« Tibert me permettra de penser autrement ;
    De ce fait quoi qu'il en puisse être,
    Renard est un vrai garnement,
Un escroc, un pendard, un assassin, un traître,
Qui ne garde à personne aucun bon sentiment,
    Pas même au Lion son maître ;
Et qui, pour un poulet, sacrifierait gaîment
Le pays et le roi, les autels et le prêtre.
Écoutez ce trait-ci, d'autant plus criminel
    Qu'un arrêt solennel
A proclamé la paix dans toute la province :
Hier, il rencontra le lièvre, en maraudant ;
Il le flatte aussitôt : Quoi ! toujours on l'évince !
Il n'est rien ! il pourrait parvenir cependant !
    Que n'est-il chapelain du Prince ?
Quelques leçons de chants et cela suffira,
    Moyennant un salaire mince.
Ne peut-il les payer, on les lui donnera !
Pour ne l'accepter point, l'offre était trop honnête ;
Voilà donc Mons Couard dans ses pattes serré ;
Et tous deux d'épeler, de chanter à tue-tête
Le *Credo !* J'y courus, par le bruit attiré ;
Le pendard triomphait et couvait sa conquête,
Et lorsque l'innocent lui dit : Bien obligé !
Pour prix de la leçon, il l'aurait égorgé,
    Si je n'avais troublé la fête.
    Les blessures en font foi ;
Elles saignent encor ; vengez-les, ô grand Roi !

Car si vous tolérez ces désordres sauvages,
Si vous laissez les crimes triomphants,
Le mépris, à travers les âges,
Vous poursuivra jusque dans vos enfants. »

« Par Dieu ! dit le Loup de sa place,
Je ne vois que la mort pour nous en sauver tous !
Car, si le châtiment ne suit pas la menace,
Jusqu'où ne va-t-il pas élever son audace ?
Chacun même, le Roi, doit s'attendre à ses coups !

Mais le Blaireau se lève et courant à la barre :
— C'est Grimbert, le neveu de Renard, son ami, —
« Dans la bouche d'un ennemi,
Isengrin, la louange est rare.
Mais oserais-tu bien accepter cette loi,
Que celui de vous deux qui fit le plus d'outrage
A l'autre, soit pendu, pendu de par le Roi,
Comme un voleur de bas étage ?
Que l'on compose un arbitrage ;
Mon oncle n'est pas homme à trembler devant toi.
Non, fais plutôt la paix, ce sera le plus sage ;
On pèsera les torts en toute bonne foi
Et le plus criminel payera le dommage.
Ce ne sera pas lui ! Se plaint-il cependant ?
S'il était bien en cour, tu serais plus prudent,
Ou c'est toi qui devrais te défendre à sa place.
Je me rappelle encor maint et maint coup de dent
Que tu lui portas à la face,

Quand il ne se pouvait venger en répondant. »

Le Loup ne se tient pas de rage :
« Est-ce lui qui t'apprend à mentir, impudent ? »

« Je ne mens point, le vrai blesse bien davantage.
Une fois il t'offrit une plie en partage,
Il l'avait dérobée, à son corps défendant ;
Qui de vous s'arrogea le mets surabondant ?
Je me trompe ! pardon ! tu fus assez honnête :
Tu lui présentas une arête,
Bonne pour s'étrangler ou se curer la dent.
Un autre jour, c'était du lard, belle ripaille,
Bien cher payée à la bataille,
Et lorsqu'il réclama sa part :
A tes droits au butin je n'ai rien à reprendre,
Lui dis-tu, d'un ton goguenard ;
Tiens, happe le cordon qui servit à le pendre ;
Ce serait un fâcheux hasard
S'il n'y restait un peu de graisse ;
Mais il garde à coup sûr le doux fumet du lard.
J'adorais ce fumet au temps de ma jeunesse !
Sire, tels sont les tours de notre accusateur ;
Si mon oncle à profit mit cette expérience,
Que sire Loup en parle avec moins de hauteur !
Il était avant nous maître en cette science.
Quant à la dame Hersinde, elle ne se plaint pas :
L'amour les unissait dès l'âge le plus tendre,
Voilà tantôt sept ans qu'ils n'ont pu s'en défendre;
Le mal est fait, pourquoi ces vains éclats ?

La belle en fut guérie à son gré, je suppose !
    Pourquoi tant de bruit pour si peu de chose?
Couard aussi se plaint ; c'est ingrat et petit !
N'était-ce pas le moins qu'un maître gratuit
        Le reprit
    Quand il chantait faux sa partie?
    Qui bien aime bien châtie,
  C'est l'Ecriture qui le dit.
Courtois de ses griefs veut porter haut le chiffre ;
Il vole un pauvre hère, on le vole à son tour,
    Et ce qui vient du fifre
    S'en retourne au tambour.
  Voilà de quoi vraiment enfler son verbe !
Renard n'a pas voulu, dans cette occasion,
    Faire mentir le proverbe :
Il a fait, en mangeant ce boudin peu superbe,
    De la morale, en action.
Pour quelque trait méchant, Sire, qu'on le renomme,
    Renard mon oncle, est honnête homme !
Depuis qu'on est entré dans la trêve de Dieu,
Il vit dans son château comme dans un saint lieu,
Portant haire, pleurant aux pieuses piscines,
Pratiquant l'abstinence et vivant de racines.
    Avec beaucoup d'humilité,
A des passants émus, hier, il l'a conté.
Il s'est, à Mautpertuis, construit une cellule ;
La charité publique est son unique avoir ;
Là, méprisant le monde et songeant au devoir,
A l'heure où je combats ce procès ridicule,
Il jeûne, les regards vers la tombe penchés,
Par la faim et la soif expiant ses péchés. »

Grimbert plaidait de la sorte,
Lorsqu'un sourd gémissement
L'interrompt ; un convoi descendait lentement
La montagne, suivi d'une lugubre escorte ;
On voyait sur un corbillard
Une pauvre poule morte,
Morte sous la dent de Renard.

Ceci changeait un peu la thèse.

Chanteclair en avant marchait, menant le deuil,
Chanteclair, de sa race et l'amour et l'orgueil,
Le plus beau coq du diocèse !
Aux deux côtés, suivaient, accablés de douleur,
Les deux frères de la victime ;
Coqs illustres, vivant dans une haute estime ;
C'est César, d'un beau nom l'héritier légitime,
C'est Sultan dont le port atteste la valeur.
Chacun tenait un cierge, ils marchaient, crête basse ;
Ils s'arrêtaient souvent et, se voilant la face,
Criaient : Malheur ! malheur ! malheur !
Deux belles poules jumelles,
Pinte et Sprote, portaient les dépouilles mortelles
De la défunte, leur sœur.
La forêt gémissait de leurs plaintes cruelles.

Le cortège s'étant dans l'enceinte arrêté,
Chanteclair monte à la tribune :
« Au nom du ciel, au nom de l'équité,
Sire, pitié d'une grande infortune !

Renard s'est fait notre ennemi juré ;
Pourquoi ? toujours nous l'avons ignoré.
Après l'hiver, quand la campagne verte,
Au mois de mai, de fleurs s'était couverte,
J'étais heureux de voir à mes côtés
Huit jouvenceaux et sept jeunes beautés,
Joyeux, charmants, d'une force éprouvée ;
Rode, c'était ta dernière couvée.
Quels innocents ébats, quels plaisirs purs,
Dans ce beau parc, bien fermé de hauts murs !
Des chiens vaillants gardaient toute la ligne ;
Gare au voleur qui bravait la consigne !
C'est qu'à coup sûr la peau lui démangeait.
J'étais en paix : dont Renard enrageait.
Comme il rôdait, ce voisin sacrilège,
Près de l'enclos, tendant piège sur piège ;
Mais nos mâtins étaient là ; certain jour,
Il faillit cher payer un méchant tour.
On vit voler les poils de sa pelisse ;
Il échappa ; que le ciel le maudisse !
Mais il gardait quelques bons coups de dents ;
La basse-cour put respirer longtemps.
Mais l'autre jour, ô cruelle revanche !
Sire, c'était un saint jour de dimanche :
Il m'annonça que vos édits royaux
Dictait la paix à tous les animaux ;
Il me montrait des lettres de créance,
Où votre sceau m'inspirait confiance ;
Il ajouta qu'il s'était converti,
De ses péchés qu'il s'était repenti,
Et qu'il avait au voisin monastère
Pris le bourdon, le cilice et la haire.

Frère, dit-il, vous pouvez vivre en paix!
A mon salut je songe désormais;
J'ai renoncé, par serment, à confesse,
A tout repas de chair, même à la graisse;
Dieu m'a touché quand je devenais vieux!
Mais pardonnez; le temps est précieux,
Je dois prier pour toutes mes folies;
je n'ai pas dit nones, vêpres, complies,
Et je tiendrais, allongeant le chemin,
A réciter matines pour demain.
Il dit, se signe et gagne la clairière,
Se prélassant et lisant son bréviaire.
Moi, confiant et transporté, je cours;
Édifier toutes nos basses-cours
Et nous voilà tous ensemble en campagne,
Prenant le frais au pied de la montagne!
Aux saints propos qui n'eût ajouté foi?
Tout le malheur en retomba sur moi!
Car l'assassin, pendant notre escapade,
Était venu se mettre en embuscade
Et, triomphant dans son infâme tour,
A ma famille il barrait le retour.
Un de mes fils, hélas! fut sa victime.
Ce nouveau sang l'allécha dans le crime;
Depuis ce jour, ses ruses n'ont cessé;
Tous mes enfants sous sa dent ont passé;
Ils étaient quinze, il n'en reste que quatre.
Hier encor, nos chiens ont dû combattre
Pour arracher au brigand affamé,
Illustre Copp, ton corps inanimé?
Vous m'en voyez, Sire, l'âme navrée!
Dans votre sein je remets ma douleur.

Renard va-t-il dépeupler la contrée ?
Ayez pitié de mon malheur ! »

Alors, Noble à Grimbert s'adresse :
« Quel saint oncle ! ô charmant neveu !
L'hermite est, ma foi, de la belle espèce !
Il respecte la paix de Dieu !
Son jeûne vraiment m'édifie !
Ah ! si le ciel me laisse en vie,
Il s'en repentira sous peu !
Mais un autre soin nous réclame :
Ta fille, Chanteclair, a vu les sombres bords ;
Que Dieu reçoive en paix son âme ;
La tombe demande son corps.
Nous chanterons les prières des morts,
Et la mettrons en terre sainte ;
Puis, de chacun pesant la plainte,
Nous verrons à punir les torts. »

La messe est exécutée
Dans un rite sépulcral,
Et, l'antienne chantée,
La poule en terre est portée
En grand cérémonial.

Un artiste éleva son marbre tumulaire
A l'ombre d'un tilleul, au sein de l'herbe en fleurs ;
Une inscription funéraire
Disait au monde ses malheurs :

« Ci-gît Coppe dont la grâce
A gratteler le sol charmait les coqs déjà;
Renard, l'ennemi de sa race,
Dans un guet-apens l'égorgea. »

Quand la triste cérémonie
Fut finie,
Le cortège restait dans le recueillement;
Soudain tous les regards se portent sur le Lièvre :
Depuis son accident Couard tremblait la fièvre,
Il en guérit subitement.
Chacun crie au miracle et veut une relique;
Le Loup qui n'en croit rien, pourtant a renchéri;
Il feint une affreuse colique,
Il se pâme, il se roule, il demande à grand cri
Qu'on le porte à la tombe... et le voilà guéri,
Guéri par un saint spécifique.
Le traître met le ciel dans sa vengeance et dit :
« Coppe est vierge et martyre et Renard est maudit[1]. »

L'argument parut sans réplique;
Et le conseil s'ouvrit pour juger l'assassin,
A la fois prévenu de meurtre et de larcin.
Tous tombèrent d'accord que le Lion, leur maître,
Devant son tribunal devait sommer le traître
De comparaître
Sous peu de jours.
Le Roi goûta l'avis et, s'adressant à l'Ours :

[1] Cette scène du miracle est empruntée à la 20ᵉ branche gauloise, édition Méon.

« Messire Brun, dit-il, c'est Votre Seigneurie
Que je veux honorer de cette mission.
Elle a de grands dangers ; songez, je vous en prie,
Qu'il faut plus de prudence, en cette occasion,
    Que de résolution.
Dom Renard est rusé ; ne tenez aucun compte
Des protestations, ni des mots doucereux ;
Plus il fait le flatteur, plus il est dangereux ;
Le coquin, s'il se peut, vous couvrira de honte. »

  « Sire, dit l'Ours ; ne vous alarmez point
        Sur ce point ;
     Si Renard me fait quelque injure
     Sans la payer avec usure,
     Je consens d'y perdre mon nom.
     Qu'il ne s'y frotte pas, sinon !...
     Mais que mon prince se rassure ! »

   L'Ours, cela dit, prend congé de chacun ;
Il s'en va, confiant et dressant l'encolure.
        Dieu vous garde, messire Brun,
        De toute mésaventure.

CHANT II

Messire Brun, l'ambassadeur,
S'en va donc son itinéraire;
Il est sans crainte et plein d'ardeur :
Qui serait assez téméraire
Pour s'attaquer à Sa Grandeur ?
Renard même à ce point ne peut porter l'audace.
Brun franchit la forêt, Brun traverse un désert;
De sentiers tortueux le sol était couvert;
Renard les a creusés pour qu'on perdît sa trace
Quand il quittait le bois, entraîné par la chasse.
La steppe était immense; un haut mont la fermait,
Qu'il faut gravir jusqu'au sommet
Avant que Mautpertuis à l'horizon paraisse;
Renard possédait des palais;
Mais Mautpertuis était sa bonne forteresse;
C'était là qu'aux jours de détresse
Il fuyait les périls qu'attiraient ses hauts faits.

Après mainte et mainte lieue,
Brun découvre Mautpertuis.
Il voit la porte basse avec le pont-levis;
Devant la meurtrière, il s'assied sur sa queue;

Puis, élevant la voix : « Renard, es-tu chez toi ?
    Je suis Brun, messager du Roi !
Noble devant la cour te somme de paraître ;
    Il jure ses Dieux et sa foi
    De te rouer vif comme un traître,
    Si tu résistes à sa loi.
    Viens, je te servirai d'escorte ;
Viens à la cour ; suis-moi ; crois en un bon conseil. »

    Renard, couché près de la porte,
    Faisait sa sieste au soleil ;
Il venait de croquer un chapon sans pareil.
    Il voit l'Ours et s'élance
    Dans le plus noir de son terrier ;
Il y va méditer quelque tour du métier.
Mais bientôt, il se montre et, parlant à distance :
« Noble ami, sire Brun, que de reconnaissance
    Pour vos bons avis je vous dois !
Mais qu'était-il besoin de vous mettre en campagne,
De passer le désert, de grimper la montagne ?
Celui qui vous envoie abusa, cette fois,
    De votre temps, de votre peine.
J'allais gagner la cour sans qu'on me vînt chercher ;
Mais j'ai dû me nourrir de chose si malsaine,
Et mon ventre est si gros, si lourde ma bedaine,
    Que je ne puis, tant l'enflure me gêne,
    Rester debout, ni m'asseoir, ni marcher. »

   « Qu'as-tu pris, toi, toujours allègre ? »

   « Hélas ! la chère était bien maigre !

Un hère comme moi ne peut avoir toujours,
Seigneur Brun, le menu des comtes et des ours,
Le pauvre au jour le jour doit chercher sa pâture ;
    Sent-il la faim, il mange ce qu'il a ;
Si l'on pouvait choisir, jamais à ces mets-là
    On ne toucherait, je vous jure !
    Le miel frais où je suis réduit
    Par abstinence involontaire
    Me gonfle, m'irrite, me cuit ;
J'en prends à tout repas et ma santé s'altère. »
« Du miel frais ! dédaigner le miel frais ! Palsembleu !
    Je te conseille bien de faire
Le dégoûté ! Le miel est un régal de Dieu !
Bon Renard, doux ami, mon cher et beau neveu,
    Si le miel n'est pas ton affaire,
Procure-m'en ma part, procure-m'en un peu,
Et, quand cent ans encor je vivrais sur la terre,
Encore dans cent ans je m'en ressouviendrais
Pour t'aimer ! Cher Renard, goûtons de ce miel frais ! »

« En goûter, vous, Seigneur ! vous raillez, je suppose ! »

    « Non, Renard, je serais un sot
De tourner en risée une si bonne chose. »

« Vous l'aimez donc, mon oncle ? Eh bien ! dites un mot,
Je puis vous en fournir la longueur de vingt brasses.
On s'y mettrait à dix ayant le même goût
    Sans en venir à bout.
Puissé-je à ce prix-là gagner vos bonnes grâces ! »

« A dix ! à moi tout seul ! et quand tu m'offrirais
Tout le miel fabriqué d'ici jusqu'à Lisbonne,
Penses-tu qu'on me vît broncher ? je n'en ferais
Qu'une bouchée ! Ami, donne donc, donne, donne ! »
« Vraiment ! Près d'ici donc habite un paysan ;
   C'est Lanfroid qu'il se nomme ;
Vous vivriez sept ans du miel de ce brave homme ;
  Tout est pour vous, gorgez-vous-en.
J'espère qu'à la cour vous saurez me défendre. »

  Aux mensonges du courtisan
  Le gros glouton se laissait prendre.
 Il lui tendit la patte en ami tendre,
  Jurant d'être son partisan.
Pour un rayon de miel son âme était à vendre.

  Renard rit dans sa barbe et dit :
« Brun, illustre héros ! que Dieu me le pardonne !
Mais puissé-je être sûr de rentrer en crédit
   Auprès de la couronne,
Comme vous de manger du miel votre appétit,
   En fallût-il une tonne ! »

 L'Ours éclata d'un gros rire hébété ;
Ces mots étaient pour lui doux comme des caresses.
« Ce cher ambassadeur, dit Renard à parté,
  Tombe au piège de mes promesses.
Ah ! tu ris ! Bon ! je vais te mener dans un trou
  Où tu riras tout ton soûl ! »

Il sort de sa tanière et s'avance à son hôte,
Et lui crie, à voix franche et haute :
« Eh ! bonjour ! oncle Brun ! ami brave et constant !
Si mon offre vous plaît, pourquoi perdre un instant ?
Prenons ce sentier creux qui longe au loin la côte ;
C'est là que le miel vous attend.
Et, si mes vœux sont un présage,
Vous en aurez tant et tant
Que vous n'en pourrez pas supporter davantage. »
Le matois, dans son persiflage,
Songeait aux coups dont il veut le charger ;
Mais l'Ours n'y comprenait que du miel à manger.

En devisant de la sorte,
De la cour de Lanfroid ils atteignent la porte.
Lanfroid était de son métier
Charpentier ;
Le hasard fit qu'un chêne était sur le chantier ;
Deux forts coins le fendaient, chassés d'une main sûre,
Et l'arbre ouvert montrait une large blessure ;
Renard se réjouit, son plan était dressé :

« Oncle, dit-il à l'Ours, voici notre capture !
Dans ce chêne béant le miel est entassé ;
Tâchez de le humer et faites bonne chère.
Mais point d'excès, il faut de la sobriété ;
Ménagez-vous une santé si chère !
Car, s'il vous arrivait une méchante affaire,
Je me verrais perdu d'honneur, en vérité,
Mon oncle, et déshérité. »

« Ne crains rien, répond l'Ours, me crois-tu sans prudence ?
Le mot d'ordre du sage est : Modération. »

« C'est vrai ! dit Renard avec onction ;
Vous conseiller est de l'outrecuidance.
Pourquoi donc ai-je aussi ces appréhensions ?
Allons ! tâchez d'atteindre à nos provisions
Et profitez de l'abondance. »

Brun ne voyait plus rien que miel et que régal :
Il fourre dans le trou fatal
Les pattes de devant, le nez, la tête entière ;
Renard l'attendait là ; d'un effort, aussitôt,
Il fait sauter les coins : le chêne se resserre
Et le gourmand est pris, comme dans un étau.

Mons Renard ainsi le joue et le brave ;
Le pauvre ambassadeur court un cruel danger :
Rien ne peut le dégager.
A quels saints se vouer ? Qu'il soit fort, qu'il soit brave,
Rien n'y sert ; le voilà dans une horrible entrave !
Il pousse de longs hurlements ;
Tous les efforts qu'il fait : inutile souffrance !
L'arbre le tient broyé dans d'horribles tourments ;
C'est fait de lui ! Plus d'espérance !

Cependant Mons Renard
Le guettait à l'écart ;
Aux cris que la douleur à sa victime arrache,
Il aperçoit Lanfroid qui vient portant sa hache

Le traître encor raillera ;
« Brun, tu t'oublieras donc toujours au réfectoire ?
Lorsque l'on mange tant, l'on a besoin de boire ;
Voici Lanfroid qui te rafraîchira ! »

Cela dit, le vilain détale
Et, sans prendre congé, s'enfuit vers Mautpertuis.
Lanfroid, voyant que l'Ours est pris,
Court chercher du renfort, ameuter le pays
Contre la bête colossale.
Le village s'émeut ; il n'est fille ou garçon
Qui ne se mette en campagne.
Chacun veut tuer l'Ours et s'arme à sa façon.
On vient de la forêt, on vient de la montagne ;
Tel, quittant le travail, emporte son fléau ;
L'une a pris son balai, l'autre tient un râteau ;
Le gros curé, pour entrer en carrière,
Arrache au sacristain le bâton de la croix ;
Le sacristain le suit portant une bannière,
Pour frapper et piquer à la fois ;
Et la femme du prêtre arrive par derrière,
Brandissant sa quenouille et rêvant les exploits.
Lanfroid, tenant en main sa hache neuve et bonne,
Marche en tête de la colonne ;
On jure, on crie, on hurle, et dans toutes les voix
La mort menace et tonne !

Brun souffre horriblement, mais il craint pis encor.
A ces bruits meurtriers, à ces cris de stentor,

Jouant tout contre tout, il reprend son courage,
    Puis dans l'effort du désespoir,
Se dresse et, déchirant ses mains et son visage,
    Fait un bond tel qu'il se dégage !
    Le pauvre Ours, pitoyable à voir,
Y laissait une joue, hélas ! avec l'oreille ;
A ses griffes de même il fallait dire adieu ;
    Et jamais horreur pareille
    Ne sortit des mains de Dieu.
    Ce n'est qu'au prix de ces tortures
    Qu'il recouvra la liberté ;
Jamais homme de cour fut-il plus maltraité ?
Ses pattes de devant n'étaient que des blessures ;
Le sang noyait ses yeux et se mêlait aux pleurs ;
Demeurer ? quel danger ! s'enfuir ? quelles douleurs !
Cependant le Lanfroid accourt, bride abattue,
Suivi du bon curé, suivi d'une cohue
De jeunes et de vieux, de filles, de badauds,
    Tous criant : « Qu'on le tue ! »
Libre, on en aurait peur ; prisonnier, on le hue.
Un homme dans la peine a tout le monde à dos.
    Brun reçoit de cruels cadeaux :
On le lapide, on le frappe, on le pique.
    Les plus poltrons, les plus lourdauds
    Montrent une vaillance épique !

Le Lanfroid se distingue, étalant son orgueil.
D'un bâton prohibé que l'Ours en vain esquive,
Un Lottrand-aux-grands-pieds, vise toujours à l'œil.
    Femme Vulmart Ardente-à-la-lessive,
    Vous le remue, avec son pieu,
    Et le fait bouillir, grand Dieu,

Comme un paquet de linge sale.
Abel Quac et sa femme, intrépides guerriers,
S'arrachent une gaule et roulent sous les pieds
    De la foule martiale.
Le Ludmar-au-long-nez, tenant un fil à plomb,
    Tourne autour du monstre sauvage
Et d'un fort moulinet le frappe tout du long.
Ludolf-aux-doigts-crochus éclipse leur courage ;
C'était, après Lanfroid, le plus gros du village ;
    Il était né dans Absdal,
D'un père bien connu, sire Hugues-le-bancal,
    Et d'une fille des Hoghernes,
Laquelle, en son vivant fabriquait des lanternes.

Comment les nommer tous, et peindre ces combats,
Et sur le dos de Brun tant de cruels dégâts ?
Le prêtre est transporté d'une ardeur héroïque ;
    Voyez-vous le bâton de la croix
Bondir et rebondir dans ces fougueux tournois ;
    Et le bedeau, qu'un tel exemple pique,
Briser son gonfanon dans la lutte olympique !
Sur tout le corps de l'ours coulent des flots de sang.
Lanfroid lève sur lui sa hache meurtrière
    Et frappe d'un bras si puissant
    Que Brun, sous le coup bondissant,
    Saute la haie et la barrière ;
Mainte jeune guenon, mainte vieille sorcière
    Se trouvaient là, riant et jacassant ;
Il les fait avec lui rouler dans la rivière.

A leurs cris, le curé ne songe plus à l'Ours :
« A moi ! s'exclame-t-il, Sauvez ma chambrière !
Chers paroissiens, sauvez ma femme, mes amours !
J'accorde à son sauveur indulgence plénière ! »
Hommes et femmes, tous volent à son secours.
  Tandis qu'ils vont au sauvetage,
  Brun plonge et s'évade à la nage.
 Quel ne fut pas leur dépit, leur courroux
  De le voir échapper à leurs coups !
Ils suivaient le courant en lui lançant l'outrage.
Brun flottait, appelant la vengeance des cieux
Sur l'arbre qui lui prit sa griffe et sa moustache ;
Brun accusait Lanfroid et sa terrible hache ;
Brun accusait surtout Renard l'astucieux,
  Le traître qui le martyrise !
  Brun oubliait sa gourmandise.

  Ainsi, maudissant l'attentat,
Il se laisse, bien loin aller à la dérive ;
  Il n'avait guère en cet état,
  La navigation active.
Il se traîne enfin sur la rive,
Il y rampe avec peine, il y tombe râlant !
  Demi-mort, il gît sur le flanc !
  De ce malheur accablant
Renard, Renard était la cause primitive,

Le traître cependant, conservant son sang-froid,
N'a pas voulu quitter la terre de Lanfroid

Sans en emporter bonne chasse.
En lieu sûr, loin de tout sentier,
Il croquait une poule grasse
Volée au maître charpentier.
Lorsqu'il a dévoré, jusqu'aux plumes, sa proie,
Il cherche la rivière et descend dans le pré,
Dispos, le ventre plein et le cœur dans la joie,
Comptant bien que de l'Ours on l'avait délivré.
« Enfant gâté de la fortune !
Se disait-il à part lui,
Brun n'est plus ; à la cour, il m'aurait beaucoup nui !
L'ingrat ! il est mort aujourd'hui,
Je lui pardonne et n'ai point de rancune ! »

En songeant de la sorte, il arrive au ruisseau...
Et voit l'Ours au bord de l'eau.
Le dépit, la colère ont remplacé sa joie : [pourceau !
« Lanfroid ! maudit Lanfroid ! plus brute qu'un
Quoi ! pieds et poings liés, on te livre une proie
Et tu la laisses fuir, imbécile bourreau !
Lâche, quel succulent morceau
Tu tenais sous la main et quelle riche peau !
Misérable vaurien ! stupide comme une oie ! »

Brun n'était qu'une plaie et qu'un ruisseau de sang.
Lorsque Renard le voit demi-mort gémissant,
Il reprend sa gaîté, dissipe sa furie
Et l'accable de raillerie :
« Sire abbé, Dieu soit avec nous !

Connaissez-vous Renard qui pille et qui détrousse ?
Feriez-vous connaissance avec sa barbe rousse ?
    Ce vrai ribaud, le voilà devant vous !
Au nom de votre Dieu, dites-moi donc, beau prêtre !
    De quel ordre pourriez-vous être ?
Quel beau chaperon rouge et comme il vous sied bien !
    Êtes-vous prieur ou chanoine ?
    Diantre ! celui qui vous fit moine
Sait tailler en plein cuir et n'a ménagé rien.
    Il a bien près frisé l'oreille !
    La tonsure fraîche et vermeille !
Moustache ni toupet n'ont été respectés.
Mais vous allez chanter l'office, j'imagine :
Car vous tenez les mains jointes sur la poitrine,
    Et vos beaux gants noirs sont ôtés. »

    Impuissant à la vengeance,
Brun dévorait l'affront et se rongeait le cœur.
    Pour échapper au trait moqueur,
      Dans la rivière il s'élance,
    Se livre au courant protecteur,
Puis il se traîne sur l'herbe et tombe en défaillance.

CHANT III

Dans un semblable désarroi,
Comment retourner près du Roi?
Faire à pied cette énorme lieue,
Quand même l'univers viendrait à son secours,
Il n'y faut point penser. Tout confus, le pauvre Ours
S'assied sur son derrière et glisse sur sa queue,
Et, quand ce véhicule, hélas! devient gênant,
Il roule sur lui-même, en se pelotonnant,

Lorsqu'on le voit de loin, cet étrange équipage
Étonne tout l'aréopage.
Le Roi reconnaît l'Ours et son cœur est navré :
« C'est Brun, dit-il, mon serviteur fidèle !
Les pieds en sang, le crâne balafré;
Sa blessure semble mortelle :
Qui peut ainsi, grand Dieu l'avoir défiguré? »

Quand il croit qu'on pourra l'entendre, l'Ours s'arrête,
Prend haleine, soupire et dit:
« Vengeance, noble Roi, de Renard le maudit !
C'est lui qui m'arracha la moitié de la tête.

Voyez dans quel état m'a jeté ce bandit. »
Lion rugit ainsi qu'une tempête ;
Il jure la vie et la mort
Qu'il châtiera tant d'insolence :
« De cet assassin sans remord,
Dieu me damne, dit-il, si je n'obtiens vengeance ! »

Alors Noble, le potentat,
Réunit ses hommes d'État,
Les hauts barons de la couronne,
Pour que le conseil discutât
Devant un pareil attentat
Ce que l'honneur du trône ordonne.
On vota ; la majorité
Pencha pour que Sa Majesté
Une fois encor, la deuxième,
Fît à Renard sommation
De lever l'accusation ;
On désignait le Chat pour cette mission,
Tibert n'était pas grand, mais d'une adresse extrême.

Cet avis plut au Lion-Roi :
« Tibert, dit-il, la cause est belle.
Renard, pour tous perfide, a confiance en toi ;
Va donc et ramène-le-moi.
Mais, à mes vœux s'il est rebelle,
Malheur, malheur sur ses excès !
A la honte des siens, je veux le faire prendre
Et pendre,
Sans autre forme de procès !

« Hélas ! répond Tibert, pour un pareil message,
Je suis faible et petit, Brun était brave et fort ;
Il échoua ; comment atteindrai-je le port ? »

« Je te sais, dit le Roi, prudent, instruit et sage.
L'habileté souvent fait plus que le courage. »

« Puissé-je, dit le Chat, ne pas m'en repentir !
    Tant d'honneur est un lourd bagage !
    Ce ne sera point sans pâtir
      Que je ferai ce voyage.
Que de tout mauvais pas Dieu me fasse sortir ! »

    Il part : Dès le boute-selle,
    Un oiseau de Saint-Martin
    Vers lui vole à tire-d'aile
    Comme un bel espoir lointain ;
    Il le bénit, il l'appelle :
    « Vole à droite, bon lutin,
    Et le présage est certain. »
    Mais son nid était à gauche :
    L'oiseau vers la gauche a fui ;
    L'espoir s'envole avec lui,
    Et Tibert, triste, chevauche,
      L'esprit frappé.

    Quand on n'a point l'âme commune,
  De quelques soins qu'on soit préoccupé,
    On tient bon cœur contre fortune.
    Le Chat donc se rassure un peu,
    Fait belle mine à mauvais jeu,

Jusqu'à Mautpertuis monte en une étape,
Et trouve Renard seul, trônant comme un Satrape.
« Seigneur, que Dieu vous garde et vous daigne bénir.
D'un péril, en ami, j'accours vous prévenir :
   Le Roi dont la colère est grande
   Devant son tribunal vous mande;
Il jure votre mort si vous manquez au plaid. »

Renard dit : « Beau neveu, héros plein de vaillance,
Dieu vous accorde aussi la gloire et la puissance ;
Du plus profond du cœur j'en forme le souhait ! »

   Tibert lui présente la patte ;
   Il fait le saint, il fait la chatte !
Mais à bon chat, bon rat ! Renard aussi le flatte :
Il s'entend à dorer ses paroles de miel !
   Si l'un est saint, l'autre est ermite ;
   Si l'un est chatte, l'autre est mite [1]
L'or coule de sa lèvre et son cœur est de fiel.

Tibert, avant la fin, en fit l'expérience.
« Je m'abandonne à vous en toute confiance,
Lui dit Renard ; voici que le ciel devient noir ;
   Passez la nuit dans mon manoir.
   Demain, avant l'aurore,
   Nous irons à la cour ;
   De tous les parents que j'honore,
Vous êtes le premier placé dans mon amour.
Brun est venu déjà ; mais parlons sans détour :

---

[1] Ce vers appartient à la première branche gauloise, édition Méon.

Brun est méchant et laid, très effrayant en somme,
Mettez-vous donc en route avec un pareil homme !
    D'un coup de patte il vous assomme !
Je ne le suivrais pas pour la plus belle somme !
    Mais avec vous j'irais à Rome !
  Nous partirons dès la pointe du jour. »

    Le Chat, redoutant quelque tour :
« Pourquoi demain ? La lune est belle sur la mousse.
Le jour n'est pas plus clair ; la marche sera douce ;
    « Quel temps meilleur pour voyager ?

« Erreur ! erreur ! mon cher ! Je connais le danger !
Tel de jour vous salue et de nuit vous détrousse.
    Je réponds de votre santé ;
Vous passerez ici la nuit en sûreté. »

    « Mais de quoi souper, si je reste ?

    Voilà le point essentiel ! »
Ami, tout est bien rare en ce canton agreste ;
Mais j'en prendrai bon soin, si vous êtes modeste.
    Que diriez-vous d'un fin rayon de miel ?

« Peuh ! du miel ! Entre nous, c'est un maigre potage !
Une simple souris me plairait davantage. »

    « Une souris ! Bon ! je tiens le menu !
    La grange au curé, de cette vermine
Regorge, le saint homme en vain les extermine ! »

« Tant de souris ensemble ! ah ! Dieu ! si j'étais là ! »

« Sérieusement dites-vous cela ?
Aimez-vous les manger ? »

« Aimer ! je les adore !
Les manger ! je les dévore !
C'est le plat le plus fin, le mets le plus exquis !
L'ignoreriez-vous donc encore ?
Il n'est pas d'ortolan qui vaille une souris.
Vous me conduirez, j'espère,
A ce vrai festin de roi,
Et vous pouvez compter sur moi,
Quand vous auriez tué mon père ! »

« Vous vous moquez ! »

« Non ! j'en jure ma foi ! »

« S'il est vrai, vous pourrez en croquer mille et mille.

« Ne raillons point ; le trop est inutile. »

« Vous faites le mauvais plaisant ! »

« Non, par le ciel qui peut m'entendre !
Je n'en demande qu'une, une grasse, une tendre ;
Je ne la cède pas, mordieu ! pour un besant ! »

« Venez-donc, vous pourrez, sans faute,
Vous en donner à plein cellier ».

« Je vous suivrais jusques à Montpellier,
A ce compte-là, mon cher hôte ! »

« En route ! nous avons déjà trop différé ! »

Sur ce, les deux parents ont piqué leur monture
   Jusqu'à la grange du curé.
Pour voler le sultan des poules de la cure,
Renard avait troué, la veille, le torchis,
Et le fils du curé, voyant son beau coq pris,
    S'était promis
   Une vengeance décisive
   Sur le larron : un bon lacet
   L'attendait à la récidive.
   Mais Dom Renard s'y connaissait ;
    Il dit à son camarade :
« Voici l'entrée ; il faut, prompt et fluet,
   S'y glisser en embuscade ;
Puis, faire sa razzia, d'un seul coup de filet.
Chut ! les entendez-vous chanter un triolet ?
   Allez, je ferai sentinelle ;
   La table est servie à point.
Mangez tout votre soûl, mais ne m'oubliez point,
Car nous devons partir à l'aurore nouvelle.
   Donnez-vous de l'embonpoint ;
Mais prenons pour rentrer une heure raisonnable ;
Ma femme nous prépare un accueil convenable
   Et nous attend au rond point. »

   « Quoi ! par cette étroite ouverture,
Oserai-je, mon oncle, aborder l'aventure ?
   Ces curés-là savent tous les métiers ;
   Je ne m'y frotte pas volontiers. »
   « Quoi ! la peur vous coupe les pieds
   Devant une bonne capture ! »

Tibert au vif est piqué
Par ce reproche du traitre ;
Il court, mais dans la grange aussitôt qu'il pénètre,
Le lacs ne l'a point manqué.
Et de deux ! Mons Tibert à son tour est croqué !

Le matou, pris à la gorge,
Se débat violemment.
Mais le nœud se resserre à chaque mouvement ;
Plus il tire, plus il s'égorge ;
Il pousse un long miaulement.
Bien peu s'en faut qu'il ne s'étrangle !

Renard, aux aguets dans un angle,
L'entend et crie effrontément :
« Les souris sont-elles bonnes ?
Sont-elles grasses, les mignonnes ?
Si le fils du curé — le plus charmant garçon —
Te savait dans la maison,
A ce plat de venaison,
Il viendrait ajouter la sauce et la bouteille.
Quoi ! tu chantes, Tibert ? Tu chantes à merveille !
Chanter à table est donc un usage de cour ?
Ah ! Plût au ciel qu'Isengrin, à son tour,
Jouit d'une fête pareille ! »

Des souffrances de son neveu,
Renard ainsi se fait un jeu.
Tibert miaule tant que Martinet s'éveille :
« Renard est pris ! Renard est pris !
Il va payer mon coq et Dieu sait à quel prix ! »

Il se lève à grand bruit ; il appelle son père,
Et sa mère et tous les enfants,
Avec des cris triomphants :
« Sus ! Le voleur est pris ! Mort au méchant compère ! »
La maison se lève en sursaut ;
La mère allume un cierge de l'église ;
Martinet va devant et l'on marche à l'assaut ;
Tout le monde est en chemise.
Le curé brandit un fuseau ;
Ils tombent sur le Chat, par devant, par derrière ;
Le fils lui fait sauter un œil d'un coup de pierre,
Et le père le bat de la belle manière.
Pauvre Tibert, gare à ta peau !

Le curé s'avançait sur le Chat, la main haute,
Quand Tibert voyant la mort,
Fond sur lui, griffe, mord,
Entre les jambes lui saute,
Le déchire... Voilà le prêtre mutilé !
Un lambeau de sa chair sur le sol a roulé.

Grand Dieu ! Sa femme éclate en pleurs ! L'infortunée !
Elle le voit de sang baigné !
Pour éviter ce meurtre, hélas ! elle eût donné
Toute l'offrande d'une année.

« Ah ! par l'enfer, ce lacet est damné !
Vois, cher fils Martinet, c'est le sang de ton père !
O honte ! ô désespoir, ô poison de mes jours !
Ce malheur au tombeau conduira votre mère.
Quand même il guérirait, que faut-il que j'espère ?
C'en est fait de nos amours !
Je suis veuve sans recours ! »

Renard qui les guettait, Renard rit à tout fendre !
Sa culotte en craqua ! Puis, d'un ton goguenard :
    « Dame Julocke, épouse tendre,
Allons, consolons-nous ! lui cria le pendard ;
Dissipe ce chagrin et cesse cet esclandre.
Moins on a de ressource et plus on prend de soins ;
    Un grelot de plus ou de moins,
Qu'importe ? il saura bien éviter tout reproche.
    Il guérira promptement
    Mais le beau malheur vraiment
    S'il ne sonne que d'une cloche ! »

Le prêtre cependant s'était évanoui.
    La pauvre femme, demi-morte,
    A grands soins, le rappelle à lui ;
    Dans son lit elle le transporte,
Et tout le presbytère est dans un grand ennui.

    Que fait Renard ? il gagne le large,
    Laissant le Chat pris par le collet ;
    On l'oubliait pour le prestolet ;
      Mais qu'on revienne à la charge,
      Son malheur sera complet.
  Pauvre Tibert, sa détresse est profonde !
    Mais lorsqu'il voit que tout le monde
    Suit le malade à son chevet,
    Des dents il coupe le lacet,
    Et part sans perdre une seconde.

    Du prêtre au moins il s'est vengé ;
    Le Roi le vengera du traître.

CHANT IV

Le jour au ciel venait de naître,
Lorsque, clopin-clopant, de blessures chargé,
L'ambassadeur endommagé
Devant la cour put reparaître ;
Le Roi vit qu'il avait perdu
L'un de ses yeux, dans l'ambassade vaine ;
A plus d'un mille au loin vous l'eussiez entendu
Rugir contre Renard la menace et la haine.
Il n'entend rien, il n'attend
Pas un instant ;
Il veut le jugement, la sentence, la peine !
Tout le conseil demande un exemple éclatant.

Mais le Blaireau soulève un avis favorable :
— Grimbert était le fils du frère de Renard —
« Ne livrons pas, Seigneurs, la Justice au hasard !
Quand mon oncle serait encore plus coupable,
Au droit de l'homme libre on doit se conformer :
Une troisième fois, il faudra le sommer ;
Et s'il ne vient pas, s'il refuse
D'accepter votre jugement,
Alors, mais alors seulement,
Il sera convaincu des faits dont on l'accuse. »

« Le citer, Grimbert, et qui donc
Risquerait son œil ou sa joue
Pour un scélérat qui nous joue ?
Nul n'est sot à ce point. »

                  « Pardon !
Répond Grimbert en ami sage,
Que Dieu m'aide dans le danger
Et si le roi veut m'en charger,
Je lui porterai le message. »

« Vas-y, Grimbert, et sois prudent ;
Garde-toi de tout accident. »
Et voilà Grimbert en voyage.

Le Blaireau trouve à Mautpertuis
Son oncle et la dame Ermeline,
Couchée auprès de ses petits.
Devant eux d'abord il s'incline :

« Mon oncle, êtes-vous point las d'être hors la loi ?
Ne serait-il pas temps de venir près du Roi ?
Chaque jour contre vous il s'élève une plainte ;
C'est la troisième fois qu'on vous cite aujourd'hui ;
Si vous laissez passer le délai, j'ai bien crainte
De voir toute clémence expirer avec lui.
Dans trois jours vous verrez, triste et terrible drame !
        Assiéger Mautpertuis,
Une roue, un gibet se dresser devant l'huis,
Et la mort menacer vos enfants, votre femme,

Et vous-même privé de vos plus sûrs appuis.
   Pour vous éviter ces ennuis,
Le parti le meilleur serait de comparaître.
   Le procès, dans ses résultats,
Est douteux ; mais il garde une chance peut-être ;
Vous vous êtes tiré de tant de mauvais pas
   Que je ne m'étonnerais pas
   De vous voir sortir des débats
   Quitte et libre encore, mon maître. »

« Il est vrai ! dit Renard. Pourtant, si je te suis
   A la cour, Grimbert, je m'expose
   Au milieu de mes ennemis ;
Ils font rage ; ils voudront envenimer ma cause.
   Echapper ! si je le puis,
   C'est par miracle, je suppose !
A la cour cependant mieux vaut tenter le sort,
   Et, que j'atteigne ou non le port,
   Lutter contre la tempête
Que de tout perdre, ami, pour quelque vieux péché,
Ma femme, mes enfants, mes châteaux, mon duché,
   Et par-dessus le marché,
   Ma tête.
   Tu le veux ? Je pars avec toi.
   — Dame Ermeline, écoute-moi :
Prends soin de nos enfants, en mère fière et douce.
   Je te recommande mes fils ;
   Renaudin est des plus gentils ;
A son petit museau déjà la barbe pousse,
   Une belle barbe rousse !

Ma race en lui se maintiendra.
Roussel, jeune voleur, est digne de son père ;
Sous tes leçons, il grandira.
Je pars, mais je saurai m'en tirer, je l'espère.
— Neveu Grimbert, le ciel te récompensera »

Puis Dom Renard pria : « Dieu puissant, Père tendre,
Garde-moi ma raison en face du danger,
Pour que devant le Roi je puisse me défendre,
Repousser tous les traits dont on va me charger,
Confondre l'ennemi qui rêve de me pendre,
O doux Seigneur et me venger [1]. »

Après de longues caresses,
Des baisers pleins de tendresses,
Renard quitte Mautpertuis.
Et dame Ermeline pleure ;
L'espoir avec lui quitte sa demeure
Qu'il laisse en proie aux ennuis.

Lorsqu'ils sont dans la bruyère,
Renard s'adresse à Grimbert :
« Neveu, mon courage se perd,
Cher Grimbert, prends pitié de moi ;
Je veux me confesser à toi.
Trouver un prêtre ici me serait difficile ;
Une fois confessé, les choses tourneront
Comme elles le pourront,
Mais mon âme sera tranquille. »

---

[1] Cette prière est empruntée à la 20e branche gauloise, édition Méon.

« Mon oncle, pour vous confesser,
Sachez qu'il faudrait renoncer
A la ruse, au mensonge, au vol, à la vengeance,
Le cœur contrit dans un pieux regret ;
Sans cela, que vous servirait
Le sacrement de pénitence ? »

« Je le sais, dit Renard ; écoute donc ici ;
Car je veux obtenir merci,
Et je viens à résipiscence.
Confiteor tibi, Pater,
Et Mater,
D'avoir fait noise au chat, puis à la loutre,
Puis en outre,
Et sans plus de distinction,
A des animaux de tout âge
Et de toute profession.
Aux eaux de la confession
Je veux laver tout mon bagage. »

« *Pater ! Mater !* quel jargon parles-tu ?
Si tu veux être entendu,
Choisis donc un autre langage. »

Renard répond : « Mon Père, j'ai péché
Contre tout le monde en personne.
Priez Dieu qu'il me le pardonne !
Je fis faire à l'ours Brun, rudement écorché,
Dans la chair vive une tonsure.
J'offris à Tibert des souris :
Au lacet du prêtre il fut pris.
Au Coq j'ai fait plus d'une injure ;
Chanteclair à bon droit murmure

Contre Renard ;
Car il n'eut guère de couvée
Dont la meilleure part
Ne lui fut, pour ma table, un beau jour, enlevée
Que les saints me soient indulgents !
Je n'ai pas épargné même le Roi, mon Sire.
Grimbert, j'ai trompé tant de gens
Que je ne saurais vous le dire.
Je me dis neveu d'Isengrin
Et je l'appelle oncle, par ruse ;
Il n'est trahison ni chagrin
Qu'il n'ait souffert de moi ; mon Père, je m'accuse
De l'avoir fait moine d'Elmar ;
Qui s'en repentit bien ? ce fut le moinillard !
Pour sonner le bourdon, je le fis, à la corde,
Par les deux pattes s'attacher ;
La corde monte ! il est pendu ! miséricorde !
Il se débat, il sonne, il sonne à déhancher
Le clocher !
Il sonne tant et tant qu'il s'assemble une horde
Qui, le prenant pour le diable incarné,
L'a presque assassiné
Avant qu'il n'en démorde.
Il avait beau vociférer :
« Dans les ordres je veux entrer ! »
On le guérit de cette envie ;
Peu s'en fallut qu'il n'y perdît la vie.
— Depuis, je le fis tonsurer :
J'inondai son front d'eau bouillante,
Si bien que tout son poil grilla,
Et que sa cuène s'écailla
Sous la brûlure violente.

— Plus d'une fois, je le mis en prison :
Un jour que la rivière était demi-gelée,
  Je l'instruisis à prendre du poisson ;
Il y resta, la queue attachée au glaçon,
  Et reçut une dégelée !
  Un autre jour c'était chez un curé ;
Nul prêtre au Vermandois n'avait tant de richesse ;
Son beau garde-manger était toujours bourré
  De lard frais et de fine graisse !
  Quelle chère et quelle liesse !
Je m'étais pratiqué jusqu'au cellier un trou
   Par où
  Je fis entrer le camarade,
  Maigre et de faim malade ;
Il y trouva lard frais, bœuf, pâtés, salaison,
   A foison ;
  Je vous laisse à deviner la fête !
  Il en prit par-dessus la tête ;
  Mais une telle cargaison
  Que, lorsqu'il voulut passer outre,
Son ventre creux d'abord, puis gonflé comme une outre,
  Son ventre le tint en prison.
  Il dut regretter sa bonne fortune !
Maigre, il était entré ; gras, il ne put sortir.
  Alors, je cours par la commune
  Faire un vacarme à tout anéantir ;
  Le curé se mettait à table
  Devant un chapon délectable.
Le meilleur qu'on eût pu trouver pour le ribaud :
  Moi j'entre, je ne fais qu'un saut
  Et je le lui vole à sa barbe.
Il crie : « A l'aide ! à moi saint François ! sainte Barbe !

Qui vit jamais pareil assaut ?
Courez ! courez ! qu'on l'attrape !
Ah ! Sancta Spiritus ! Sous mes yeux, sur ma nappe,
Renard me vole mon rôt ! »
Il saisit son couteau ; furieux, il en frappe
La table qui culbute au loin sur le parquet :
Adieu tout le banquet !
Il jure, il blasphème, il sacre :
« Qu'on le prenne ! qu'on le massacre !
Et moi de fuir, et lui sur mes talons !
Il avait ramassé son grand couteau de table,
Et menaçait d'un ton épouvantable !
L'un suivant l'autre nous allons
Dans la prison du loup qui faisait sa sieste
Le chapon était lourd ; en vain j'en jure et peste,
Il me le faut lâcher. « Ah ! pour le coup,
Mon voleur, dit le prêtre, abandonne sa proie ! »
Je m'enfuis par le trou ; le curé, plein de joie,
Court au chapon... et voit le loup !
Il recule de peur ! il s'écrie ! il lui jette
Son couteau, qui l'atteint dans l'œil ;
Six hommes à ses cris, qu'au loin l'écho répète,
Viennent bâton en main, faire au loup bon accueil.
Bientôt partout on en caquette,
Et la nouvelle en court de gazette en gazette ;
On s'attroupe, on s'émeut, on n'a plus qu'un espoir ;
Chez le curé tout le monde entre,
Car tout le monde veut voir
Le larron qui s'est fait prisonnier de son ventre,
Le Loup se trouva mal du festin copieux ;
On vous l'étrille comme un âne.
Vient le tour des enfants : on lui bande les yeux,
On le musèle, on le condamne

A repasser par le trou ;
Le peut-il ? il le faut ; on le pousse, on le tire,
  Et Dieu sait quel martyre !
  On lui lie une pierre au cou
  Et puis on le lâche, on le livre
  A la colère des mâtins
  Qui se mettent à le poursuivre,
  L'épée et les crocs dans les reins,
Tant qu'il tombe à la fin raide comme une pierre.
  Alors, tout joyeux, les enfants
  Le placent sur une civière
  Et vont l'enterrer triomphants
  Dans un fossé de la clairière ;
Il y resta pour mort, la nuit entière.
J'ignore encor comment il s'en tira ;
  Mais, depuis lors, il me jura
Hommage et paix pendant toute une année ;
J'avais promis, pour composition,
  De lui payer, à la dînée,
  Du poulet à discrétion.
Donc, près d'une maison, sur une grande place.
  Je mène mon compagnon ;
Je lui conte qu'un coq perche sous le pignon,
  Avec mainte poule grasse.
Je grimpe sur le toit, Isengrin m'a suivi :
Qu'il entre sous la trappe, et sur la poutre passe,
  Et le dîner sera servi.
A ce conseil, le Loup sourit d'aise et s'avance
  Dans l'ombre avec précaution,
Il tâte : point de coq ! « Nous n'avons pas de chance,
  Neveu, dans notre excursion ;
Je ne sens rien, » dit-il. — On n'obtient rien sans peine,

Lui dis-je, avancez donc ; et cherchez par dedans.
Les premières, mon cher, sont mortes sous mes dents ;
  Mais il en reste par douzaine. »
  Dans le piège ainsi je l'entraîne.
  Il cherche trop loin des poulets !
  Il manque le pied et culbute
Et fait du haut du toit une si grande chute
Que tout s'éveille au bruit, le maître et les varlets ;
  Alors, de cent coups on le blesse
   Et pour mort on le laisse
  Sous les gaules et les balais ;
  Durement je le régalais !
— En combien de dangers je mis le pauvre sire,
  Grimbert, je ne saurais le dire !
Mais nulle trahison, nul piège, nul tourment
Ne l'offensa jamais aussi cruellement
Que lorsque je péchai contre Hersinde qu'il aime
   Plus que lui-même ;
  Dieu pardonne à ces méchants traits !
  Je fis à la belle commère
  Un affront tel que je voudrais
  Que la chose encor fût à faire,
Plutôt que d'en garder d'inutiles regrets. »

Grimbert dit à Renard : « Puisque tu te confesses,
Si tu veux être absous par un divin secours,
Il te faut dépouiller les humaines faiblesses ;
  Il faut, sans voile et sans détours,
  Ouvrir ton cœur au juge qui l'éprouve ;
Que veut dire cela : Péché contre la Louve ?
  Je ne comprends pas ce discours. »

Renard répond : « Conviendrait-il, mon Père,
Que je disse crûment, sans prendre plus de soins ;
    J'ai rendu ma tante adultère,
    Autant de fois, plus ou moins ?
Vous êtes mon parent ; une telle impudence
    Eût blessé Votre Révérence.
    — Or, maintenant que mes péchés
    Dans votre sein sont épanchés,
    Ceux du moins dont j'ai souvenance,
    Le cœur gros de contrition,
    J'en demande absolution,
    Mon Père, et bonne pénitence,

    Grimbert était doux et matois ;
Dans la prochaine haie, il brise une baguette,
    Et pour ses péchés il en fouette
    Son pénitent quarante fois.
    Après cette réprimande,
    Il lui recommande
De jeûner, de veiller, de faire l'oraison,
    De rendre à la bonne voie
Ceux qui deviennent sourds au cri de la raison,
De gagner humblement le pain de sa maison
    Par le travail qui fait la joie.
    Ensuite il lui dit d'abjurer
    Le pillage et le meurtre infâme ;
Car le temps est venu de penser à son âme,
    Et que de mal à réparer !

    La confession ouïe,
    Les deux Seigneurs vont à la cour.
Hors de la droite route, en faisant un détour,

On trouvait une abbaye,
Où le coq fanfaron, la poule réjouie
　　Flânaient près de la basse-cour.
　　Il savait cela, l'infidèle !
　　　Il dit à son bon neveu :
　« Passons par la maison de Dieu ;
　　　C'est la route la plus belle. »
Il mène ainsi Grimbert où les poules glanaient.
　　　Il ne pouvait les voir qu'à peine :
Déjà vers le butin tous ses yeux se tournaient !
　　Un coq jeune et gras, dans la plaine,
S'était aventuré tout seul ; le vagabond
　　　　Sur lui fait un tel bond
　　Qu'on voit voler toutes ses plumes.
Grimbert l'arrête et dit : « Dans quel délire es-tu ?
　　　Homme impie et sans vertu !
Reprendras-tu toujours d'odieuses coutumes ?
　　　Et quoi ! pour un coq dodu,
　　　Quoi ! pour une poule grasse,
　　　Tu perdrais l'état de grâce
　　　Qu'un sacrement t'a rendu !
D'aucun excès, ton orgueil ne se lasse ! »

Renard répond : Par la bonté de Dieu !
　　C'est un oubli, mon doux neveu !
　　Prions le ciel que je redoute,
　　Pour que je n'y retombe pas. »
　　Alors, ils reprennent la route,
　　　En retournant sur leurs pas.
Que de fois, par-dessus son épaule, en cachette,
　　　Renard lorgnait une poulette !

Vainement il se contenait ;
Le penchant toujours l'entraînait.
　Vous lui couperiez la tête,
　　Que sa tête volerait
　　Vers les poules, sa conquête,
　Aussi loin qu'elle pourrait.

Grimbert aperçut le manège :
　« Ah ! glouton impur et vil !
　Pourquoi ton œil cligne-t-il,
　Rêvant trahison et piège ? »

« Tu parles mal, sur mon honneur !
　Toi qui m'espionnes le cœur
　Et troubles ainsi ma prière.
Je disais un *Pater noster*,
　Pour préserver de l'enfer
L'âme des coqs que j'ai volés au monastère ;
Je disais versets et répons,
　Pour le salut des chapons
　Dont j'ai fait si bonne chère ! »

En vain Grimbert se mettait en colère.
Renard avait toujours l'œil au guet, par derrière.

Mais ils approchaient de la cour ;
Et Renard commençait à changer de figure :
　Il craignait, avant le retour,
　Plus d'une fâcheuse aventure.

CHANT V

Renard donc vient répondre à la sommation.
  Lorsqu'on apprend son arrivée
Il n'est bête, au palais, de si basse couvée,
  Ni de si pauvre extraction,
 Qui, pour soutenir l'accusation,
  Contre lui ne se soit levée.

  Mais Renard est brave et hautain ;
  Il prend une fière tenue :
« Conduisez-moi, dit-il, par la plus grande rue,
  Grimbert ; c'est là notre chemin ! »
Et son front se redresse et sa lèvre se pince,
  Et d'un pas ferme il a marché,
  Comme s'il était fils d'un Prince,
  Comme s'il n'eût jamais péché.

Il va droit au Lion et devant lui se pose :
« Que le bon Dieu, dit-il, maître de toute chose,
Vous accorde, ô mon Roi, longue vie et bonheur !
Sire, je vous salue et je l'ose, en honneur ;
Car nul Roi n'eut jamais serviteur plus fidèle,
Comme, au grand jour, cent fois vous l'a montré mon zèle.

Je vois ici des gens inquiets et jaloux
Qui voudraient volontiers me nuire auprès de vous;
Vous ne les croyez pas, et Dieu vous récompense.
Le monarque, investi de la toute-puissance,
Ne peut se laisser prendre aux propos des méchants;
Mais il doit les juger à leurs mauvais penchants.
Ah! Je m'en plains au ciel! la calomnie abonde!
Il est trop de pervers qui corrompent le monde
Et, sitôt qu'à la cour un mérite a pris rang,
Accusent sans pudeur tout ce qui devient grand ;
Qui les croira? la ruse en leur cœur est innée ;
Ils veulent des meilleurs troubler la destinée;
Que Dieu, dans cette vie et dans l'éternité,
Punisse ces méchants comme ils l'ont mérité! »

« Eh ! Renard! Eh ! Renard! quelle belle apparence
Tu sais te donner, vil vaurien !
Tu comptes t'en tirer avec de l'éloquence;
L'éloquence n'y fera rien!
Dans ma forêt domaniale
Tu pouvais me servir, c'est clair ;
Mais que de fois as-tu faussé la paix royale ! »

« Que d'enfants j'ai perdus! interrompt Chanteclair. »

Le Roi dit : « Tiens ta langue et laisse-moi répondre
C'est à moi de le confondre!
Oui! ton amour pour moi, Sir voleur! sans mentir,
A mes ambassadeurs tu l'as bien fait sentir!

Le pauvre homme Tibert en conserve la marque !
La tonsure de Brun est encor toute en sang !
Je n'en dirai pas plus ; mais ton cou, sur-le-champ,
   Va tout payer, foi de monarque ! »

« *In nomine Patrum, Christum, File !*
S'exclame Dom Renard; quoi donc ! sur sa tonsure,
Le sang de Sire Brun si longtemps a coulé ;
   Mais quand il reçut la blessure,
S'il avait eu du cœur, il se serait vengé.
Tibert le chat ! je l'ai, comme un hôte, hébergé ;
   S'il s'en alla, sans mon congé,
     Marauder à la cure,
   Et fut mal reçu du clergé,
Par le ciel ! est-ce à moi de payer l'aventure ?
Ah ! j'en devrais au sort être bien obligé ! »

   Renard ajouta : « Lion, Sire,
   Tous vos ordres sont observés ;
   Ce qu'il vous plaira de prescrire
     Contre moi, vous le pouvez ;
   Quelque bonne que soit ma cause,
   A vos désirs rien ne s'oppose,
Vous pouvez me sauver ou bien m'anéantir,
   Me faire bouillir ou rôtir,
   M'arracher les yeux ou me pendre ;
   Je ne puis fuir, ni me défendre.
   Dans vos mains, vous tenez le sort
   De toute l'animale espèce ;
Votre pouvoir est grand et grande ma faiblesse

Je ne puis rien, vous êtes fort.
Par Dieu ! si vous m'étendiez mort,
Bien vaine serait la victoire !
Vous en tireriez peu de gloire ! »

Alors, Belin se lève et sa femme avec lui ;
Belin est le Bélier, sa femme est Dame Hawy ;
 « Allons, dit-il, et soutenons la plainte. »
Brun le suit ; il a mis sur pied tous ses parents ;
Isengrin et Tibert prennent les premiers rangs ;
A leur suite, aussitôt, se pressent dans l'enceinte
Porcondat porc-épic, et Tiercelin corbeau ;
Dom Pancer le Castor, le busard, le rat d'eau,
Et Rousseau l'Écureuil, et dame Diablotine,
Sa légère moitié, gracieuse et lutine.
Chanteclair et les siens, qu'il rassemble à l'entour,
S'abattent, à grand bruit d'ailes, devant la cour ;
Chassorin, le furet, se joint à l'affluence.
La foule des plaignants devant le roi s'avance
 Et fait appréhender Renard ;
La séance est ouverte et le débat commence.
 On plaide, on riposte, on repart ;
 Maint et maint avocat bavard
 Est entendu, de chaque part ;
 On parle pour, on parle contre ;
Que de frais d'éloquence et d'érudition
 Dans la mémorable rencontre !
Qui pourrait rapporter tant d'inspiration ?
 Plaintes sur plaintes s'introduisent ;
 Les accusateurs produisent
 Les pièces de conviction ;

En cause de Renard, les pairs de la couronne
Siègent, et, tout bien entendu,
A l'unanimité des voix, la Cour ordonne
Qu'on fasse un gibet, où le méchant dru
Soit pendu !

Renard voit tourner la chance.
Grimbert, devant cette sentence,
Suivi de ses parents de sang ou d'alliance,
Quitte la cour avec douleur.
Ils ne pouvaient souffrir qu'en leur présence,
Sous leurs yeux, on pendît Renard comme un voleur.

Noble brillait par la prudence :
Lorsqu'il voit que maint hobereau
Suit l'exemple du Blaireau,
En lui-même, il rêve et pense :
« Il serait bon d'ouvrir des avis différents ;
Renard est un mauvais drôle, mais ses parents
Ont le nombre et la puissance. »
Puis, s'adressant aux deux accusateurs :
« Isengrin, sire Brun, pourquoi tant de lenteurs ?
Renard connaît plus d'une ritournelle ;
Voici le soir, vous tenez le rebelle ;
Hors du danger s'il fait trois pas,
Vous ne le rattraperez pas,
Tant il a de ruses en tête.
Si l'on veut le pendre, il faut en finir !
Avant que la hart ne fût prête
La nuit pourrait bien venir. »

Isengrin était plein d'adresse :
« Une potence à quelques pas se dresse, »
Dit-il, avec un gros soupir.

« Eh ! quoi, sire Isengrin s'émeut ! Mort de ma vie!
Crie alors le prieur des chats,
Je ne te le reproche pas;
Mais vraiment cela m'édifie !
Car c'est Renard qui fit tous les préparatifs,
Excita les bourreaux, escorta les captifs,
Lorsque ton frère aîné mourut à la potence.
Il est temps si tu veux t'acquitter du bienfait;
Si tu gardais du cœur, ce serait déjà fait !
Tu ne laisserais pas échapper la vengeance ! »

« Eh ! répond Isengrin, que nous apprends-tu là ?
La corde nous manque, que diantre !
Sinon, son cou saurait déjà
Quel est le poids de son ventre. »

Renard s'était tu jusqu'alors :
« Seigneurs, dit l'animal retors,
Abrégez mon supplice, ayez miséricorde!
Tibert au cou n'a-t-il pas une corde !
Il la conquit à la chasse aux souris,
Le jour que chez un prêtre, en maraude il fut pris,
Et qu'il soutint rude bataille
Et fit une affreuse entaille
Au bon curé demi-nu.
Cher Loup, prends les devants ! allons, que tardes-tu ?

Cet honneur te revient et la vengeance est douce.
Et toi, mon oncle Brun, aurais-tu peur, morbleu !
De mettre à mort ton neveu,
Le méchant homme à barbe rousse? »
Puis s'adressant au Roi, son suprême recours ;
« Que Tibert, dit-il, les devance !
Il grimpe, il peut, sans leur concours,
Hisser la corde à la potence. »

Isengrin alors dit à l'Ours:
« Par la tonsure de novice
Qu'il me fit, à mon grand supplice,
Ce conseil est sans égal !
Renard veut qu'on le rafraîchisse,
Brassons-lui ce dernier régal ! »

« Neveu Tibert, dit Brun, nous réglerons son compte ;
Il va payer ma joue avec escompte,
Et ton œil ce qu'il vaut !
Allons et pendons-le si haut
Que toute sa race en ait honte! »

« Il l'a bien mérité dit le Chat en partant. »
Et besogne jamais ne lui sourit autant ;
Et les voilà tous les trois en campagne,
Isengrin, Tibert, Brun ; Brun qui sait ce qu'on gagne
A dérober du miel à son corps défendant.
Isengrin était si prudent
Qu'il ne voulut aller aux lieux patibulaires
Et ne quitter la cour qu'après avoir donné
A tous les siens, neveux, nièces, voisins, compères,
Des instructions sévères
Pour la garde du condamné.

   Dame Louve, sur sa tête,
Eut ordre de tenir sa barbe bien et fort
  Et de ne lâcher la méchante bête
   Devant menace ni requête,
    Ni par crainte de la mort.

Renard dit quelques mots que chacun put entendre :
« Oncle Isengrin, tu veux m'accabler de douleur ;
   Tu te repais de mon malheur !
Mais si ma tante avait la mémoire un peu tendre,
Elle ne me ferait aucun mal sur l'honneur !
— Doux oncle, et toi Tibert, et toi Brun, mon beau sire.
Ah ! pour votre Renard vous n'avez nul merci,
    De me déshonorer ainsi !
A vous trois, vous avez conspiré mon martyre.
Vous avez fait si bien, contre moi réunis,
Que partout on me hait comme voleur et traître.
Pour cela — par le Dieu qui seul est notre maître ! —
   Tous les trois vous serez honnis.
Qu'on se dépêche ! allons ! satisfaites vos haines !
    J'ai le cœur brave et fort !
Et j'oserai mourir ! Lorsque mon père est mort,
Il avait du péché brisé toutes les chaînes.
Préparez le gibet ! Ne perdez pas de temps !
Sinon, vous devrez fuir, qui sait, dans peu d'instants !
   N'épargnez donc vos jambes, ni vos peines. »

   « Amen ! » dit le plus fier des loups.

   « Amen ! dit Brun, et loin de nous
   Qui ne veut pas lâcher les rênes ! »

« Alerte ! dit le Chat, vite ! »

      Et les voilà tous,
  Le pied léger l'âme gaie,
  Gambadant, sautant mainte haie.
Tibert traînant la corde avait le pied plus lourd ;
Il était prompt pourtant, porté par la vengeance.

Renard se tenait coi, regardant en silence
Partir ceux qui voulaient le pendre haut et court.
« Cela ne sera pas ! dit-il, plein d'assurance.
   Bone Deus ! quels grands enfants !
Eh ! laissons-les sauter et courir, triomphants !
Si je vis, ils devront payer leurs barbaries !
   Je suis fort en renarderies !
Avec plaisir pourtant je les sens loin de moi ;
Je veux tâter d'un plan qu'avec un soin extrême
   Je conçus cette nuit même.
  Le Roi se fait prudent, mais, quoi !
Si j'en crois mon espoir dans ce bon stratagème,
   J'espère encor tromper le Roi. »

CHANT VI

Noble fit sonner la marche
Et mener Renard à la mort.
Lui, d'un ton de patriarche :
« Sire Roi, laissez d'abord,
Laissez dresser la potence !
Avant de subir la sentence,
Pour obtenir rémission,
Au peuple, avec repentance,
Je ferai ma confession.
Il saura tous les vols, le nombre des victimes,
Pour qu'après moi, jamais, à cause de mes crimes,
Des soupçons illégitimes
Ne tombent sur un innocent
Que je ne pourrais plus défendre en m'accusant. »

« Parlez donc ! » dit le Roi.

Renard, tête baissée,
Œil contrit, poitrine affaissée,
Se tenait comme un patient,
Jetant autour de lui des yeux de suppliant :

« *Dominus!* sois-moi favorable !
Il n'est personne, amis, ennemis ou parents,
De tous les noms, de tous les rangs,
Envers qui je ne sois coupable
De vingt affronts différents.
Pourtant, Seigneurs, daignez m'entendre ;
Laissez un malheureux, sans détour, vous apprendre
Comment il fut poussé dans le chemin fatal.
Sage et prudent, dès l'âge tendre,
J'étais un bon et courtois animal ;
Je jouais, sans penser à mal,
Avec les doux agneaux, je mangeais à leur crèche,
J'aimais ouïr leur bêlement
Charmant !
Un beau jour, j'en mords un, et le sang que je lèche
Me semble un si doux repas
Que je ne me contiens pas :
Je dévore la chair fraîche.
Ainsi le démon nous allèche !
Ainsi j'appris la gourmandise, hélas !
Je ne pouvais, ô sanguinaire fièvre,
Entendre au bois bêler la chèvre
Sans y courir en franc limier ;
Un jeune bouc y passa le premier.
Dès le troisième jour, j'étais maître à la chasse ;
Le succès aiguisa mon audace !
Mes instincs carnassiers devinrent plus ardents ;
J'allai livrer bataille aux coqs les plus fendants ;
Traquer les poules et les oies,
Saisir d'innocentes proies,
Les déchirer à belles dents,
Me causait de folles joies !

— Près de Bazele, alors, Sire, dans mon chemin,
Sous un arbre, je fis rencontre d'Isengrin;
  L'hiver plongeait tout dans la léthargie :
Il se dit mon parent et, pour le garantir,
   Me fit sa généalogie.
  A son amitié je dus consentir;
  Combien n'ai-je pas à m'en repentir !
Nous nous fîmes serment de bon compagnonnage :
  Le contrat fut juré, Monseigneur,
    Sur l'honneur.
  Chacun aurait son apanage :
Il chasserait le gros gibier, moi le fretin,
  Et commun serait le butin;
  Mais quand on venait au partage
  J'étais aux anges, chaque fois
Que j'en pouvais tirer la moitié de mes droits.
S'emparait-il d'un veau, d'un mouton, d'une chèvre,
  Il grondait, il serrait la lèvre,
  Prenait de tels airs de férocité,
  Montrait une telle colère
  Que je fuyais, épouvanté :
  Ma part lui restait tout entière.
Je ne m'en plaindrai pas, devant vous, Majesté :
  Tant de fois j'ai vu l'injustice !
Avions-nous pris ensemble un bouc, une génisse,
  L'oncle affectait de ses airs triomphants,
  Il s'attablait avec ses sept enfants
  Et Dame Hersinde, sa complice;
Heureux s'il me laissait, mi-rongés, quelques os
  Que dédaignaient ses louveteaux.
  Ah ! j'étais à bien rude école !
  J'en eusse peu souffert pourtant,

N'eût été ma tendresse folle
Pour cet oncle que j'aime tant
Et dont la haine me désole ;
Car je pouvais garnir ma table, argent comptant.
Je veux bien vous l'avouer, Sire ;
Je possède en argent, en diamants, en or,
Un trésor ;
Sept chars à l'emporter ne pourraient point suffire,
Il m'en resterait encor. »

A ce mot, le Roi s'empresse :
« D'où te vient cette richesse ? »

« Vous saurez tout ce que je sais,
Maître ; et douceur ni violence
Ne pourront m'imposer silence
Sur d'aussi terribles secrets.
Ce trésor provient d'un vol, Sire,
Mais d'un vol qui sauva l'Empire.
Oui, sans cet attentat à la propriété,
Nous porterions le deuil de Votre Majesté. »

La Reine que la terreur glace :
« Renard ! Renard ! Malheur ! Renard ! Que nous dis-tu ?
Ah ! par la mort qui te menace,
Par le ciel où l'on n'a d'espoir qu'en la vertu,
Je te prie et t'enjoins de nous faire connaître,
Sans crainte, sans détour, sans en cacher un mot,
Ce que tu peux savoir d'un meurtre ou d'un complot
Contre les jours de mon gracieux maître ;
Parle devant tous et tout haut. »

Or, écoutez par quelle adresse
Renard sut rentrer en grâce au palais,
Et, par sa ruse vengeresse,
Jeter l'Ours et le Loup, sans qu'ils en pussent mais,
Dans la plus cruelle détresse.
Ces Messieurs étaient fiers, et fiers de son malheur !
Ils préparaient au persiffleur
Le coup de l'étrier pour le dernier voyage ;
Sur mon âme ! Renard leur apprête un breuvage
Qui les enivrera de honte et de douleur.

« Noble Reine, dit-il, d'un ton de doléance,
Quand même en ce moment, vous ne me priériez pas
Je ne pourrais laisser, en face du trépas,
Ce fardeau sur ma conscience.
Si le doux Roi daignait m'accorder un instant,
Je vous dirais, sauf sa licence,
Comment je découvris des traîtres méditant
De l'assassiner sans défense.
Mes parents les plus chers étaient de connivence ;
Et jamais je n'aurais osé les accuser,
Sans la peur de l'enfer qu'on nous dit menacer
Ceux qui d'un meurtre ont connaissance
Et meurent sans le dénoncer. »

Noble sentait un poids peser sur sa poitrine :
« Serait-il vrai ? » dit-il, le front chargé d'ennuis.

« Quoi ! le demandez-vous ? Par la bonté divine !
Oubliez-vous donc où j'en suis ?

Grand Roi, ne craignez rien; je suis un misérable,
Mais pourrais-je souffrir de pareils attentats
    Et quitter cette vie, hélas!
    Chargé d'un mensonge exécrable?
Non, Sire, dit Renard, je ne le pourrais pas! »

Alors, suivant l'avis de la Reine inquiète,
    Le roi, par un prompt édit,
        Défendit
  Que nul n'eût l'audace indiscrète
De dire mot, soit en mal soit en bien,
        Rien,
Jusqu'à ce que des faits la preuve fût complète.

Tout se tait, la parole est donnée à Renard;
    Il s'y connaissait, le finard!
    Sa cause enfin lui paraît bonne.
Il dit : « Silence à tous! puisque le Roi l'ordonne!
Je vais, pour vous livrer le complot découvert,
Lire en mes souvenirs, comme en un livre ouvert.
    Que qui se sent traître frissonne!
    Je n'épargnerai personne! »

Or, écoutez comment Renard, de trahison,
    Accusa son propre père,
Accusa le Blaireau, son parent, presque un frère,
Grimbert, le plus fidèle ami de sa maison.

Il voulait à la calomnie
Donner un air de vérité,
Pour que l'on crût encore à sa sincérité,
Quand sur ses ennemis, avec habileté,
Il en rejetterait toute l'ignominie.

Il commença : « Jadis, mon père avait trouvé
Le trésor d'Hermenric, et l'avait enlevé;
Il en devint si fier et si prodigue,
Son orgueil à tel point ne connut plus de digue,
Qu'il méprisait les animaux, ses pairs.
Un jour, ayant fait choix de confidents experts,
Il député le Chat dans la sauvage Ardenne,
Pour offrir à l'ours Brun son hommage et sa foi :
Que Dieu le protège, qu'il vienne,
Et de la Flandre il sera roi !
Brun avait si souvent convoité cette proie !
Il accepte, il part, prompt de joie;
Au doux pays de Waes, aussitôt il se rend.
Mon père avait mandé pour ce complot suprême,
Le sage Blaireau, son parent;
Isengrin n'y pouvait rester indifférent;
Tibert le chat fit le cinquième.
Au bourg d'Hyste, on se rencontra,
Puis, pour mettre le trône en cause,
Entre Hyste et Gand, à la nuit close,
Le parlement délibéra.
L'enfer les animait d'une énergie horrible !
A minuit, au désert, sans honte, sans remord,
Ils firent un serment terrible,
Du Roi tous cinq jurant la mort !

Ecoutez le nouveau scandale :
Sur la tête du Loup, tous cinq, ils ont juré
Que Brun, comme leur roi, dans Aix, serait sacré
   Sur la chaise impériale.
Et, si quelques seigneurs défendaient le Lion,
   Grâce à son trésor, mon père
   Se chargeait de s'en défaire,
  A leur honte et confusion.
Je savais tout ; comment ? je m'en vais vous l'apprendre.
  Mon neveu Grimbert, un matin,
  Ayant bu quelques coups de vin,
  En devint expansif et tendre,
Et, la Dame Ermeline en route l'ayant joint,
  Il lui conta tout, point par point.
  Ma femme est une étrange tête !
  Elle promit, elle jura
  Secret, silence, et cætera ;
  Mais dès qu'elle me rencontra,
  Tout me dire fut une fête !
  En lieu sûr elle m'attira,
  Parlant à l'oreille à voix basse ;
Son récit fut si vrai que mon poil se dressa !
  Et que tout mon cœur se glaça !

  « Or, écoutez ceci de grâce :
   Les grenouilles autrefois
  Vivaient libres, en république ;
Nul impôt, nulle guerre ! Aussi, noble et bourgeois
Se plaignaient : Rien de grand, de hardi, d'énergique !
Point d'ordre, d'unité ! Ni règlements, ni lois !
   Tous les citoyens sont des rois
   Dans ce marécage anarchique !

Où va donc nous mener ce déluge de droits?
  Bref, bientôt le peuple s'assemble;
  Le forum sous l'émeute tremble;
Le vacarme a monté jusqu'au trône de Dieu.
Elles veulent un roi qui règne et qui commande
  Et qui contraigne quelque peu
La faible nation d'être féconde et grande.
  Dieu donc du pouvoir investit
   Une grue impériale
  Qui les croque qui les avale,
  Avec un touchant appétit !
Rien ne peut l'assouvir ! sur la plèbe aquatique
  Sa Majesté lève d'affreux impôts;
  Et Dieu sait combien de suppôts
  Servent sa haute politique !
On s'en plaignit : trop tard ! Trop tard, en vérité !
  Pour comprendre la liberté,
  Faut-il, hélas ! l'avoir perdue ?
Grenouille libre était, Grenouille s'est vendue !
  Plus de bonheur, de paix, de loi !
  Allons ! Crapauds ! Vive le roi !
Toujours vous resterez sous le bec de la grue !

  « Pauvres, riches, peuple et seigneurs,
Je redoutais pour vous de semblables malheurs
Et j'y voulus parer, de ma propre puissance;
  Je vous sauvai. Las ! quelle récompense
  Aujourd'hui m'en réservez-vous ?
Je savais Brun méchant, cruel, haineux, jaloux;
S'il détrônait Lion, nous étions perdus tous !
Je savais notre roi bon, bien né, juste, doux,

Pour ses sujets plein de clémence ;
Tout bien pesé, le changement serait
Sans honneur et sans intérêt.
Je tombai dans de vives transes !
Dans ces affreuses occurences,
O mon Dieu, comment pourrait-on
Déjouer les complots d'un traître
Qui d'un rustre et d'un glouton
Voulait faire notre maître ?
Et je priais le ciel, et je le conjurais
De laisser le Lion régner sur nos forêts.
J'étais assuré d'une chose :
Si mon père gardait son immense trésor,
Corrompant les cœurs, semant l'or,
Il ferait triompher sa cause,
Et le Roi tomberait sous l'Ours, méchant butor.
De mille inventions dans cette fièvre écloses,
Je me creusais l'esprit profondément,
Et sans cesse cherchais comment
Découvrir le pot aux roses.
Pluie ou beau temps, le jour, la nuit, à tout moment,
Dans les herbes, dans les futaies,
Dans les haies,
En tous lieux où mon père allait communément,
Je l'épiais avidement,

Un jour que je m'étais étendu sur la terre,
Couvert de feuilles, aux aguets,
Subitement je vois mon père
Sortir d'un trou, dans les genêts.
A ses précautions dont je suis le manège,
Je conçois un premier espoir ;

Il regarde partout si nul ne peut le voir;
Personne! il en rend grâce à Dieu qui le protège,
Et se met à boucher le conduit souterrain;
.Puis il égalise le sable,
Pour rendre cet endroit semblable
A tout le reste du terrain.
Il va toujours, il va bon train.
De ma cachette impénétrable,
Sans qu'il s'en doute aucunement,
Je suis son moindre mouvement.
.Avant de quitter la place,
Il se fait un balai de sa queue, il efface
Toute trace
De ses pas;
Le vieux rusé me fit ainsi connaître
Un tour de maître
Dont je ne me doutais pas.
Puis il enfile une avenue
Où l'attire poule dodue
Et chapons gras.
Dès que j'ose lever la tête,
Rien ne m'arrête,
Au terrier, ma conquête,
Je cours aussitôt;
Pas un instant de plus d'incertitude!
Je creuse le sable avec promptitude;
J'ouvre le trou, j'entre au galop :
Par Dieu, je tenais le magot!
— Le butin, Sire, était immense;
Mes soins trouvaient leur récompense;
Je vis de l'argent, de l'argent encor,
Et de l'or!

Personne ici, fût-il vieux comme une corneille,
N'en vit jamais ensemble une masse pareille.
   Je n'épargnai jour ni nuit,
   Ne perdis une seconde,
   Pour tout enlever sans bruit
   De la cachette profonde;
J'y mis toute ma force et mon activité;
Mon épouse m'aida, de ses peines prodigue;
Et le labeur fut long, et rude la fatigue,
Avant que le trésor entier fût transporté.
   Je l'enterrai sous une haie;
   Et pus respirer, l'âme gaie;
   Car j'étais riche à million !
— Or, sachez ce qu'advint de la rébellion :
Brun par tout le pays lançait des émissaires,
Promettant la richesse à qui s'enrôlerait.
Mon père était porteur du message discret;
   Mon père ne se doutait guères
  Que son trésor avait déménagé!
Un trésor suffisant, je vous en puis répondre,
   Pour payer la ville de Londre !
Voilà ce qu'il gagna d'avoir tant voyagé.

  « Lorsque, de l'Elbe à la Somme,
  Il eut battu le pays,
  Recrutant maint gentilhomme,
  Payant soldats à grand prix,
  A ses fiers compagnons d'armes
  Il vint conter ses alarmes,
  Les malheurs et les soucis;
  Comment, en Saxe, une chasse
  L'avait mis en grand danger...

Mais dans le but qu'il embrasse,
Qu'importe un mal passager?
Il tenait mainte missive
Qui donna grand'joie à l'Ours;
Mille loups pour l'offensive
Lui promettaient leur concours
Et leur aide décisive;
Sans compter les chats nombreux,
Les ours, aux bras monstrueux,
A la terrible incisive;
Les renards et les blaireaux,
Sur les pas de nos héros,
Prêts à prendre l'agressive.
Par serment, ils s'engageaient
Que si d'avance ils touchaient
Vingt jours de solde de guerre,
En forces, ils accourraient
De Brun lever la bannière,
Puis, ils le couronneraient.
Réussite sans pareille!
Le plan marchait à merveille!
Seul, je le fis avorter.
Lorsque, pour l'exécuter,
Il courut à la cachette,
Mon père vit son actif
   Fugitif,
Sans tambour ni trompette.

— Il se pendit de désespoir.
Au complot il fallut surseoir.
Grâce au succès du stratagème,
Brun se passa de diadème.

Voyez pourtant le sort et voyez mon malheur!
Isengrin le félon, Brun le conspirateur
Règnent dans vos conseils, Sire, comblés de gloire;
Et pauvre homme Renard est votre bête noire. »

Le Lion et la Reine alors prennent Renard
    A l'écart.
La fortune les tente; ils désirent apprendre
   Où le trésor est déposé.

« Moi, vous livrer mon bien! leur répond le rusé;
   Je devrais être un insensé,
  Sire Roi qui me faites pendre! »

« Non, dit la Reine, non; plus de ressentiment!
   Mon époux, gracieusement,
   Renard, t'accordera la vie.
Et nous pourrons compter sur tout ton dévoûment. »

« Reine, je le ferai, c'est ma plus douce envie?
   Que mon maître ici, devant tous,
  Me rende à la publique estime,
   Me relève de tout crime,
   Et le trésor est à vous! »

  « Je m'expose à bien des mécomptes,
   Dit le Roi, si j'en crois ces contes;
  Je n'ai pas foi dans ses propos.
  Le vol, le meurtre et l'imposture
   Sont incarnés dans sa nature,
  Comme la moelle de ses os. »

« Non, Sire, nous pouvons l'en croire, je l'espère.
Quelque méchant qu'il fût, il s'est bien amendé.
Il n'a pas hésité de dénoncer son père
   Et Grimbert, son cher affidé ;
Tandis qu'il aurait pu, choisissant la victime,
Sur d'autres animaux rejeter tout le crime,
Si d'un mauvais esprit il était possédé. »

 « O gente dame, il suffit que tu daignes
  Plaider pour lui, répond le Roi ;
Mon intérêt se tait, je m'en rapporte à toi ;
Quand il faut pardonner, Reine, c'est toi qui règnes.
  J'en crois donc à sa bonne foi ;
Mais si de m'offenser il reprenait l'audace,
 J'en fais le serment, terrible et sacré,
 Je me vengerais sur toute sa race
   Jusqu'au dixième degré. »

  « Ah ! je serais un misérable,
Réplique le malin, transporté du succès,
  Sire, si je ne m'efforçais
De mériter votre grâce adorable ! »

Noble prend une paille et la donne au héros[1],
En signe de pardon pour son père et lui-même.
Je vous laisse à juger son allégresse extrême ;
Libre ! Renard est libre ! il s'exprime en ces mots :

 « Le ciel vous bénira, Sire, et vous, belle Dame !
  Jamais Roi si haut n'a porté
   La générosité.

[1] Ancien usage en Flandre.

Et j'en suis si touché qu'il n'est, je le proclame,
Personne sous les cieux pour qui si volontiers
Je donnasse mes jours et mes biens tout entiers
  Que pour vous, noble et sainte femme ! »

Ramassant un fétu : « Prenez, dit-il encore ;
Du trésor d'Hermenric, Sire, acceptez ce gage. »

Noble saisit la paille et son muet langage
  Semblait dire : j'ai le trésor !

Renard, maître du Roi, sourit et recommence :
« En Flandre, — écoutez-moi religieusement —
La forêt d'Hulsterloo, vers l'orient, s'avance [1];
La posséder serait gloire autant qu'agrément.
Là, mais vers le sud-est, une source soupire ;
Son nom est Krickeput ; — je ne cache rien, Sire ; —
C'est un désert ; les jours, aussi prompts que le vent,
Passent sans qu'on y voie aucun être vivant,
Si ce n'est le hibou, la chouette, l'orfraie,
Faisant leur nid sauvage en l'épaisse futaie.
Là, j'ai caché mon or. Prêtez attention :
Krickeput, ai-je dit ; l'endroit ainsi s'appelle ;
Ma femme vous suivra ; nul guide plus fidèle
Ne met à vous servir tant de dévotion.
N'oubliez rien ; allez vous-même à la fontaine ;
Vous verrez deux bouleaux, à deux pas, vers la plaine ;
C'est là ! levez la mousse et creusez : les bijoux,
L'or et les diamants surgiront devant vous ;

---

[1] Plusieurs endroits ont porté et portent encore ce nom en Flandre, entre autres une forêt entre Beernem et Wildenborg.

Vous verrez les joyaux d'Hermenric, sa couronne;
Et lorsque vous tiendrez tout ce que je vous donne,
Vous bénirez Renard, le fidèle Renard,
Qui pour voler cet or a bravé le poignard. »

« Non pas! si je me mets en route,
Tu m'accompagneras, Renard, et m'aideras;
Car si j'y vais seul, je redoute
De me trouver dans l'embarras.
J'ai bien ouï parler d'Aix-la-Chapelle
Et de Paris, quelque jour;
Est-ce quelque part à l'entour?...
Mais je me laisse prendre à ta ruse nouvelle!
Krickeput, de ce nom aucun lieu ne s'appelle;
C'est un mot supposé pour me jouer un tour. »

Cette marque de défiance
Blessa Renard dans son honneur :

« Sire, dit-il avec humeur,
Je parle en bonne conscience!
Krickeput existe et Dieu m'est témoin!
Je vois la forêt, le ruisseau, la côte.
D'ici là, Seigneur, il n'est pas bien loin,
Comme entre Maubeuge et la Pentecôte.
Me croiriez-vous donc un tel baladin
Que je vous fisse prendre, indignes facéties,
Sire, la Lys pour le Jourdain
Et pour lanternes des vessies?
Non, Sire, je dis vrai
Et je le prouverai.

—Couard! ici Couard! viens répondre à ton maître!»

A cet appel, la cour, demeurée à l'écart,
S'étonne en voyant Couard
Devant le roi comparaître.
Il s'avance en tremblant, hésitant, pris d'ennui,
Ignorant ce qu'on veut de lui.

« As-tu froid, cher Couard, ou bien as-tu la fièvre?
Dit rondement Renard au Lièvre;
Sois sans crainte; ouvre-nous ton cœur en liberté;
Car tu vas témoigner, devant Sa Majesté,
La vérité, toute la vérité.
Connais-tu Krickeput et dans quelle contrée
Cet endroit est situé? »

« Si je le sais! répond le Lièvre infatué!
Au désert d'Hulsterloo, près du bois, à l'entrée,
On trouve Krickeput, ma retraite attitrée;
D'y fuir l'affreux chasseur je suis habitué.
Que de fois, j'y souffris le froid et la misère!
Comme on s'attache aux lieux où l'on fut malheureux!
Krickeput! Krickeput! quels souvenirs nombreux!
C'est là que Symonet le Bancal, le faussaire,
Exerçait son métier qui le mena trop haut;
Je vois encor sa bande et lui sur l'échafaud.
Vers ce temps, je liai connaissance avec Rine,
Rine qui tant de fois empêcha ma ruine!
C'est là que... »

Mais Renard interrompt son caquet:
« Rine, cher compagnon! Rine, charmant roquet!

Ah! que n'es-tu présent? Devant l'aréopage
Tu pourrais confirmer cet humble témoignage.
    Rire, tu pourrais dire au Roi
Que je n'ai mérité jamais un tel outrage
De voir publiquement nier ma bonne foi.
— Couard, retire-toi, ta mission expire. »

Le bon Lièvre à deux fois ne se le fait pas dire.

« Eh! Sire, dit Renard, n'était-ce donc pas vrai? »

« Pardonne, ami fidèle, à mes soupçons injustes.
    Tu vas donc me suivre et j'irai
Jusqu'à la source auprès des deux arbustes,
    Où le trésor est enterré. »

    « Vous en parlez, Sire, à votre aise !
Que ne puis-je, sans crime, avec vous voyager !
Mais, je dois l'avouer, quoique l'aveu me pèse,
    Je ne le puis sans le plus grand danger.
Quand, poussé par le diable, Isengrin se fit moine,
De tout l'ordre il aurait mangé le patrimoine;
    La ration de six abbés
        Ne pouvait lui suffire;
Il avait toujours faim, et ses sens absorbés
    Prenaient sur l'âme un tel empire
Qu'aux plus fâcheux excès ils seraient retombés.
    Le seul salut était la fuite;
    J'étais son parent, il souffrait :
    Je ne vis que son intérêt;
    Je la lui conseillai de suite.
Isengrin encourut l'irrégularité;

Et moi, pour ma complicité,
Je fus mis au ban de la chrétienté.
Pas plus tard que demain, pour lever l'anathème,
Je veux me rendre à Rome même.
Si Dieu me le permet, lorsque je reviendrai,
Sans offenser le trône et l'autel, je pourrai
Vous accompagner en voyage;
Mais aux célestes lois ce serait faire outrage
De garder dans votre entourage,
Sire, un misérable maudit. »

« Depuis quand, dit Lion, es-tu donc interdit ? »

« Voilà tantôt trois ans, en plein synode, Sire,
Que le Doyen Herman lança le saint édit[1]. »

« S'il est vrai, dit le Roi, je n'y puis rien redire;
Pars; je serais blâmé de te prendre avec moi.
Couard me guidera; pars et relève-toi
Des foudres du divin empire. »

« J'irai, dit le coquin, c'est mon plus cher désir.
Que le ciel vous garde la joie. »

« Te voilà dans la bonne voie
Que Dieu t'y fasse réussir !
Ce sera pour tous profit et plaisir. »

Noble monte à ces mots sur un rostre de pierre,
Du haut duquel il rend justice dans sa cour;
Chacun, selon son rang, faisant cercle à l'entour,
Siègent les animaux, assis dans la bruyère.

---

[1] Grimm suppose qu'il s'agit ici d'Herman, abbé de Saint-Martin, à Tournai, écrivain du commencement du xii° siècle.

Debout, près de la Reine — oh ! qu'il doit la bénir —
Maître Renard se tient, la tête calme et fière :
« Noble Dame, vers vous puissé-je revenir ! »
Lui dit l'adroit flatteur d'une voix caressante !

« Que la Mère de Dieu vous soit compatissante ! »
Lui répond la Lionne. Et les royaux époux,
Pleins de joie, à chacun, font l'accueil le plus doux.
Le Roi prend la parole et l'affluence est grande :

« Devant vous, Messeigneurs, maître Renard s'amende
La Reine a crié grâce, et tout est oublié ;
Le coupable avec nous s'est réconcilié :
Je lui fais grâce, et grâce encore, et trois fois grâce[1] !
Et vous tous, quel que soit votre rang, votre classe,
Les siens et lui, partout où vous les trouverez,
Tous, sous peine de mort, vous les respecterez ;
Aux plaintes désormais je fermerai l'oreille.
Car de bons sentiments enfin il se conseille.
Demain, il part pour Rome et se rend au Saint-Lieu ;
Il prend du pèlerin le bâton, la besace,
On ne peut qu'applaudir au dessein qu'il embrasse.
Il nous reviendra pur devant nous, devant Dieu ! »

    Lorsqu'il entend cette sentence,
    Le Corbeau vole à ses amis :
    « Malheureux, vous êtes trahis !
    Il s'agit bien d'une potence !

---

[1] La pierre sur laquelle monte le Lion et la formule : Une fois, deux fois, trois fois, etc., rappellent d'anciens usages judiciaires.

Renard rentre en grâce au palais !
Il triomphe ! il est invincible !
Il est tout-puissant désormais ! »

« Tu mens, dit Brun, c'est impossible ! »

« Jamais, dit Isengrin, jamais ! »

Isengrin aussitôt s'esquive,
　　Il faut bien que l'ours le suive ;
Et voilà qu'au galop l'un après l'autre court
　　　A la cour.
　Tibert était monté sur la potence :
　　Il s'y blottit dans sa stupeur ;
　　Il lâche la corde, il a peur !
Volontiers de son œil il donnerait quittance
Pour apaiser Renard qui voudra se venger ;
Au faîte du gibet il reste à s'affliger.

Isengrin cependant s'avance et fend la foule ;
Brun le suit ; Isengrin se campe effrontément
En face de la Reine, et quel débordement
De rage... Mais le Roi les fait subitement
Arrêter, et voilà leur audace qui croule.
　　　Ils sont saisis et garrottés ;
Jamais chiens enragés ne sont plus maltraités.
Comme des scélérats, on les met à la chaîne,
　　Ils peuvent remuer à peine.

Renard triomphe ! Il va leur jouer d'autres tours.
Sa rancune est de roc et son cœur est de glace.
Il fait tant et si bien que sur le dos de l'Ours,
　　　On lui coupe une besace.

Pour le pèlerinage il aurait volontiers
>Des souliers;
>Ecoutez comme il sait s'y prendre.

« Noble Reine, dit-il, d'un ton béat et tendre,
>Me voilà votre pèlerin !
Voyez quels beaux souliers a mon oncle Isengrin !
Voyez quels brodequins charmants porte sa femme !
Obtenez-les pour moi, je prierai Dieu pour vous.
S'acquitter d'un bienfait, il n'est rien de plus doux !
Faites votre salut, en me chaussant, Madame !
>Nous en voyage, eux en prison,
>Voyez si ce n'est pas raison
Qu'ils me prêtent au moins chacun une savate.
Des pieds du pèlerin, Madame, prenez soin.
>De chaussure qu'ont-ils besoin ?
>Ils ne bougent pas d'une patte. »

« Volontiers ! dit la Reine, on ne peut voyager,
A travers les forêts, les ronces, les épines,
>Pieds nus, en pays étranger,
>Sans danger.
L'entreprise est trop rude; il vous faut des bottines.
Pour vous chausser de frais, j'emploierai mon crédit,
Isengrin et sa femme ont juste votre affaire.
En dussent-ils mourir, je veux vous satisfaire;
>Vous aurez leurs souliers, c'est dit ! »

>Le pèlerin apocryphe
>Leur fait ainsi, sans pitié,
>Écorcher la peau du pied,
>Du genou jusqu'à la griffe.

Onc dindon affamé qu'engave un paysan
    Ne se tient coi sous la pâtée,
  Comme le Loup, tout ruisselant de sang,
    Sous la torture supportée.
Dame Hersinde à son tour s'étend sur le carreau
    Et livre ses pieds au bourreau.

    Renard, jouissant sous cape,
    Verse d'hypocrites pleurs :

« Ma tante ! bonne tante ! ah ! quel chagrin nous frappe !
Combien dois-tu pour moi supporter de malheurs !
    Amèrement, je m'en désole !
    Un point seulement me console :
Je t'aime et je n'aurais jamais pu te quitter
    Sans emporter
Quelque chose de toi dans mes courses lointaines ;
    Sur des bords inhospitaliers,
    Je marcherai dans tes souliers,
    Et braverai toutes les peines.
Mais toi, c'est pour ton bien ! Tante, tu me suivras :
    Ainsi donc tu partageras
    Les mérites de mes prières,
    Et les indulgences plénières
    Que je vais gagner aux Lieux-Saints,
    Ma chère... dans tes escarpins ! »

Hersinde est demi-morte, elle ne peut répondre ;
    Elle murmure en un sanglot :
    « Renard, puisse Dieu te confondre ! »

Le loup rage et se tait, Brun souffre et ne dit mot.

Tibert a joué fin de rester en arrière ;
Renard aussi, par Dieu, l'eût bien mis en fourrière !
Mais ne nous arrêtons pas trop
Sur cette triste matière !

Le lendemain, quand poind le jour,
Renard met les souliers de l'oncle et de la tante ;
Chaussé, lacé de neuf, il se rend à la cour,
Et parle aux époux rois d'une voix caressante :

« Que Dieu daigne verser sur Votre Majesté,
De longs jours de succès et de félicité,
Roi puissant, et sur vous, généreuse Princesse,
Que ma reconnaissance entourera sans cesse !
Permettez-moi de prendre ici congé !
Il me tarde de voir mon interdit purgé !
Qu'on m'apporte besace et bourdon de voyage ! »

Noble appela le bon Belin,
Son chapelain :
« Ce pénitent, voyez, entre en pèlerinage,
Mon père ; donnez-lui la bénédiction. »

« Sire, dit le Bélier, l'embarras est extrême !
Renard est sous le coup — il vous l'a dit lui-même —
D'une excommunication. »

« Bon ! Maître Godefroid nous dit, dans ses maximes,
Qu'un homme eût-il commis à lui seul tous les crimes
Peut se purifier et gagner le pardon,
S'il traverse les mers en portant le bourdon. »

« Sire, en fait de casuistique,
En matière ecclésiastique,
Je m'abstiens à la fois et du mal et du bien ;
A moins que le Roi ne m'assure
Que je n'encourrai la censure
De l'évêque ni du doyen. »

« Par Dieu, rugit le Roi, ta manche est bien peu large !
Depuis tantôt trois mois je n'ai demandé rien !
Aussi, j'aimerais mieux te pendre comme un chien
Que de revenir à la charge ! ».

Belin prend une telle peur
En voyant le maître en colère,
Qu'il s'élance à l'autel et chante, pour lui plaire,
Tout ce qu'il sait par cœur.
Quand il a bégayé l'Épître et la Préface,
Il fait entrer Renard au chœur,
En main le bourdon lui place,
Au cou lui met la besace,
Sans voir son rire moqueur.

Une fois équipé, le fin compère attache
Ses regards sur le Roi, comme un saint pèlerin ;
Des pleurs de crocodile inondent sa moustache ;
On l'eût dit abîmé dans un profond chagrin ;
Oui, sa peine était vive, il se mordait la lèvre
De voir à sa vengeance un frein,
N'ayant pu, comme l'Ours, hélas ! traiter le Lièvre,
Ni Tibert comme Isengrin.

Mais il compose sa figure ;
Dévotement il les conjure
De prier pour lui, malheureux,
Avec le cœur loyal et l'intention pure,
Qu'eux-mêmes souhaitaient que l'on priât pour eux.
Enfin il coupe court aux adieux douloureux,
Adieux toujours trop longs pour l'homme d'imposture
Qui craint de la justice un retour rigoureux !

« J'ai regret que le temps vous presse ! »
« Lui dit Lion avec tendresse. »

« O Sire, c'est trop de bonté.
Je dois partir, en vérité !
Une bonne action ne se doit point remettre.
Et, si vous daignez le permettre,
Je prends congé de Votre Majesté. »

« De Dieu, répond le Roi, faites la volonté ! »

Noble ordonne aussitôt que la cour tout entière
Fasse bonne conduite au nouveau pèlerin.
Voilà Croque-poulets, le bourdon à la main,
Jouant le pénitent et gagnant la frontière,
Tandis que le pauvre Ours et le triste Isengrin
Gisent, sanglants, sur la litière.
Est-il un homme, une dupe, un badaud,
Entre la Pologne et l'Escaut,
Qui ne poufferait de rire,
A voir Père Renard et son maintien dévot ?
Quels airs d'illuminé s'avançant au martyre !
Quelle onction dans chaque mot !
Dans son port quel empire !

Quelle grâce à porter croix, besace, bourdon
>Et cordon !
Ses brodequins, serrés à la cheville,
>Lui donnent l'air d'un pèlerin
>Alerte comme un drille ;
D'un pas de maître il marque le terrain.
Le rusé compagnon sourit dans sa moustache,
En voyant cette cour, ou servile, ou bravache,
Qui voulait hier sa mort avec acharnement,
Aujourd'hui sur ses pas se presser saintement !

« Je suis confus, dit-il, prenant sa voix bénigne,
De voir l'illustre cour, Sire, prendre le soin
>D'accompagner aussi loin
>Votre serviteur indigne !
J'ai des pressentiments et je crains des dangers !
Si les deux assassins, dans les chaînes plongés,
>— Ah ! puisse le ciel les confondre ! —
S'évadaient, de vos jours qui pourrait nous répondre ?
>Sire, parez à votre sûreté ;
Laissez-moi suivre seul ma route en liberté. »

Il dit, et se dressant sur ses pieds de derrière,
>Et levant les mains vers les cieux,
A tous les animaux, grands, petits, jeunes et vieux,
Renard se recommande, en sa sainte carrière :
Que tous mêlent son nom aux offices pieux,
Et tous pourront, du cœur le suivant aux Saints-Lieux,
Partager avec lui l'indulgence plénière.
>Au pèlerin malicieux
>Chacun promet à qui mieux mieux
>Un souvenir dans sa prière.

Il part ; que de saints pleurs signalent les adieux !
Longtemps, édifiés, ils le suivent des yeux.

Le Lièvre et le Bélier, qu'il prie avec astuce,
Sur la route de Rome et jusqu'au dernier port,
Le suivront. Il est libre ! Il échappe à la mort !
Renard dévotement va... vers son château-fort,
    En ricanant sous le capuce !

FIN

TABLE DES MATIÈRES

Introduction. 1
Bibliographie 147
LE ROMAN DU RENARD
Prologue : La naissance du Renard. 163
Chant Ier 167
Chant II. 180
Chant III. 192
Chant IV. 202
Chant V. 215
Chant VI 224

www.ingramcontent.com/pod-product-compliance
Lightning Source LLC
Chambersburg PA
CBHW062231180426

43200CB00035B/1644